名师名校名校长

凝聚名师共识
回应名师关怀
打造名师品牌
培育名师群体

程明远题

生物学概念学习进阶
与科学论证的课堂教学实践

SHENGWUXUE GAINIAN XUEXI JINJIE
YU KEXUE LUNZHENG DE KETANG JIAOXUE SHIJIAN

徐勇　徐爱琳 / 主编

东北师范大学出版社

长　春

图书在版编目（CIP）数据

生物学概念学习进阶与科学论证的课堂教学实践 /
徐勇，徐爱琳主编. — 长春：东北师范大学出版社，
2023.3
ISBN 978-7-5771-0165-1

Ⅰ.①生… Ⅱ.①徐… ②徐… Ⅲ.①生物课—教学
研究—中学 Ⅳ.①G633.912

中国国家版本馆CIP数据核字（2023）第055548号

□责任编辑：石纯生　　　　　　　□封面设计：言之凿
□责任校对：刘彦妮　张小娅　　　□责任印制：许　冰

东北师范大学出版社出版发行
长春净月经济开发区金宝街 118 号（邮政编码：130117）
电话：0431-84568023
网址：http://www.nenup.com
北京言之凿文化发展有限公司设计部制版
北京政采印刷服务有限公司印装
北京市中关村科技园区通州园金桥科技产业基地环科中路 17 号（邮编：101102）
2023年3月第1版　2023年5月第1次印刷
幅面尺寸：170mm×240mm　印张：15　字数：237千

定价：58.00元

编 委 会

《普通高中生物学课程标准（2017年版2020年修订）》提出了"内容聚焦大概念"的课程基本理念，建构了"次位概念—重要概念—大概念"的课程概念学习进阶结构体系。其中，概念学习进阶是指学生在教师的引导下，针对某一特定的大概念或重要概念设计学习进阶的路径，通过观察、设问等方式来设计学习进阶水平，达成对生物学概念的深度理解、感悟和运用的思维和能力的发展历程。同时，本书还创造性地提出将概念学习进阶与科学论证进行有机整合，运用论证式教学将科学领域论证工作方式引入课堂，使学生经历类似科学家的论证过程，以促进学生理解科学概念和科学本质，发展学生的科学思维，提升学生的学科核心素养。

基于以上的认识，成都市徐勇名师工作室、成都高新区徐勇-徐爱琳名师工作室于2021年5月申报的成都市教育科研规划课题"高中生物学概念学习进阶与科学论证整合的教学策略研究"成功立项（NO.CY2021ZM12）。经过一年多的教学实践形成了如下研究成果：教学设计篇探讨了实现概念学习进阶的路径、方法、策略，建构了科学论证的教学模型；教研论文篇在教学设计的基础上，围绕概念学习进阶与科学论证的主题凝练了大批教研成果。

在本书编撰过程中，徐勇、徐爱琳、张良、王阳兰、伍贤军、周群、李倩、吕茜、唐本华、牟如林、杨严、易莎、李绍奉、石云、杨东升、李元凤、成欣耘、朱昕睿等老师参与了初期编审工作；在后期统稿、审稿及校稿过程中，徐勇、徐爱琳、张良、周群、李倩等老师付出了大量心血。在此，一并表示感谢！

本书具有较强的时代性、问题性、普及性与可操作性，可供中学生物学教师、教研员及师范院校相关专业师生学习参考。

由于作者的学识水平有限，加之时间仓促，书中疏漏和错误之处在所难免，恳请专家学者、广大师生和其他读者不吝赐教。

作者

2022年7月于成都

上 篇 教学设计篇

下 篇　教研论文篇

上　篇

教学设计篇

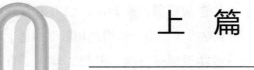

中学生物学课堂教学设计

四川省成都市中和中学　徐　勇

四川省仁寿第一中学校南校区　胡　涛

中学生物学课堂教学设计包括精研课程标准、学习内容分析、学习者分析、叙写教学目标、精选教学方法与策略、恰当选用教学媒体、精心设计教学过程、进行教学评价、完善教学反思等方面。其中，学生、目标、策略、评价、反思是教学设计的五大基本组成要素。（见图1）

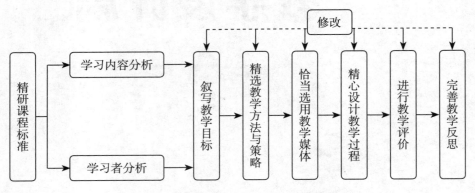

图1　中学生物学课堂教学设计示意图

一、精研课程标准

学科课程标准是指导学科教学的纲领性文件，是编写学科教材、开展学科课堂教学及考试评价的重要依据和行动指南。教师应认真学习和深刻领会学科课程标准的各项内容，结合学校和学生的实际，创造性开展学科课堂教学工作。

生物学科课程的根本任务是提升学生的生物学学科核心素养，即在解决真实情境中的实际问题时所表现出来的正确价值观、必备品格与关键能力，是学生知识、能力、情感态度与价值观的综合体现。教师需要在课堂教学中关注每一位学生、关注每一节课的学习效果，真正实现在生物学课程学习过程中逐步发展学生的学科核心素养的目标，这是生物学科课程的价值追求，也是课程预期的教学目标。

教师通过精研课程标准需要实现如下目的：

第一，领会课程性质与基本理念、学科核心素养与课程目标，针对核心素养的课程目标有计划地落实和落细，要求教师在引导学生掌握生物学知识的同时，注重培养学生的关键能力和形成必备品格，使其形成生命观念，彰显学科的育人价值。

第二，熟悉课程结构、课程内容，明确不同模块、不同单元的学科育人价值，落实以探究为特点的主动学习方式，彰显以单元主题学习为特点的深度学习方式，以大概念引领学生形成生命观念、以生物学实验教学促进学生的实践体验、以生物科学史和科学本质的学习提升学生的创新实践能力，发展学生的生物学学科核心素养。

第三，明确每个模块的学业质量内涵和需要达到的水平，展现学生完成学科课程学习后的学业成就表现。例如，"概念2细胞的生存需要能量和营养物质，并通过分裂实现增殖"的学业要求可设计为：①从物质和能量视角，探索光合作用与呼吸作用，阐明细胞生命活动过程中所体现出的物质与能量的变化（生命观念、科学思维、科学探究）；②观察处于细胞周期不同阶段的细胞，结合有丝分裂模型，描述细胞增殖的主要特征，并举例说明细胞的分化、衰老、死亡等生命现象（生命观念、科学探究、社会责任）等，依据这些要求制定切实可行的教学目标。

第四，重视教学提示要求，吸收课程实施建议，以课程标准引领教学设计，指导教学活动的开展。

第五，关注教学评价，调控教与学的行为，以生物学课程内容、学业质量标准为依据，聚焦学科核心素养，达到既促进教师的教又促进学生的学的目的，推动教师教学水平的进一步提高，实现"教—学—评"的一致性，促进评价者和被评价者的共同发展。

二、学习内容分析

所谓学习内容，是指为实现教学目标，要求学生系统学习的知识、技能和行为经验的总和。学习内容有一定的层次，在教学设计领域，通常把学习内容划分为课程（狭义的课程）、单元（或学习主题）和项目（或技能）三个层次。同时，学习内容也有一定的结构，其各组成部分不是孤立存在的，而是具有一定联系的整体。学习内容的内在联系有以下两种基本形式：一是序列联系，即学习内容各组成部分是按某种次序排列的，如时间次序、从简单到复杂的次序；二是部分与整体的联系，即学习内容的一部分是另一部分的构成要素。

学习内容分析是指将学生从起始能力（教学之前已有的知识、技能等）转化为教学目标所规定的终点能力（满足学习需要后学生所形成的知识、技能等）所需学习的从属先决知识、技能和态度及其关系进行详细剖析的过程。以学习需要分析所确定的教学目标为依据，学习内容分析包括以下两个方面的内容：一是根据教学目标的陈述确定学习内容的类型（包括言语信息、智力技能、认知策略、动作技能、态度等）；二是确定学习内容的广度和深度，并揭示组成学习内容的各项先决知识、技能的联系。学习内容的深度是指学生须达到的知识深浅和技能复杂的水平。由此可见，学习内容分析既与"教什么"有关系，又与"如何教"有关系。

中学生物学课堂教学设计关注和聚焦大概念教学，更重要的是分析单元（或学习主题）的知识结构、概念结构，培养学生从生物学事实到建构概念的逻辑思维过程。同时，注重挖掘教材中情感、态度与价值观的教育因素，在完善概念结构体系的过程中，促进学生必备品格、关键能力、正确价值观的形成，发展学生的学科核心素养。

三、学习者分析

学习者分析又称为教学对象分析。教学设计的目的是促进学生的学习，教师在分析教学内容的基础上，还应对学习者即学生进行学情分析，这样才能有效达成教学目标。学生是学习活动的主体，只有在充分了解学情的基础上安排教学活动，才符合学生的"最近发展区"，贴近学生的实际，才能为有效教学奠基。分析学情的目的主要是了解学生的现有能力、特征以及风格，为教学外部条件适应学生的内部条件提供依据。如在中学生物学课堂的概念教学中，教师只有充分了解学生现有的知识、经验以及对前科学概念的掌握情况，才能在教学中有的放矢。

（一）学生起始能力分析

起始能力是指学生在从事学科内容的学习前已经具备的知识与技能的基础以及对相关学习内容的认识与态度。分析学生的起始能力包括以下三个方面的内容：一是了解学生是否具备从事新的学习所需的知识与技能基础；二是了解学生对将要学习的内容知道多少；三是了解学生的学习态度、学习习惯、学习方法。

（二）学生的一般特征分析

学生的一般特征是指学习者具有的与具体学科内容无关，但影响其学习的生理、心理和社会特征，包括年龄、性别、认知成熟度、学习动机、生活经验等内容。在分析学生的一般特征时，既要关注学生的共同之处，又要关注学生之间的个体差异。相同年龄的学生具有大致相同的感知能力、信息处理能力，但教师需要正视学生个体之间也会存在智商、认知成熟度等方面的差异。所以，在教学中，教师应把握学生在一般特征方面的相同点，并将此作为集中教学时选择教学内容、教学方法与教学策略等的依据；同时，还要充分重视学生在一般特征方面的差异，并将此作为制定个性化学习策略及进行个别辅导等的依据，真正实现因材施教，进而促进学生的全面发展，提升学生的学科核心素养。

获得学生的一般特征有以下几种途径：

（1）访谈：包括对学生本人、教授学生的教师、班主任、家长、同学的访谈。

（2）观察：运用观察表对学生的学习活动和与他人交往的情况等方面进行观察记录。

（3）问卷调查：利用问卷对学生或与学生有关的人员进行调查，以获取相关信息。

（4）文献调研：查阅与学生智力、技能、情感等有关的研究文献。

通过以上途径就能全方位了解学生的生理发展、认知发展和社会发展等身心发展水平，进而为教学走向深度学习、发展学生的学科核心素养提供支撑。

（三）学习风格分析

学习风格是学习者感知不同刺激，并对不同刺激作出反应时所表现出来的所有心理特征，是学习者在学习过程中经常采用的某些特殊学习方式、学习策略的倾向。也就是说不同学习者在实现学习目标、完成学习任务时所采用的学习程序、步骤等学习策略是有所不同的。而且每个学生在学习过程中表现出来的学习倾向存在偏好，如对待学习的态度、学习动机、把控学习情绪、坚持力以及学习环境、学习内容等方面。因此，在生物学课堂教学设计时，要充分考虑学习者学习风格的不同，因为这决定着学习者对信息的感知和处理的不同。要针对不同的学习者确定不同的教学内容、选取不同的教学媒体、制定不同的教学方法与策略，使每个学习者的潜能都能得到开发，真正实现学生的全面发展、个性发展。

四、叙写教学目标

《普通高中生物学课程标准（2017年版2020年修订）》提出"核心素养为宗旨"的课程理念，指出生物学课程要着眼于学生适应未来社会发展和个人生活的需要。发展学生的核心素养是课程实施的基本要求，也是课程预期的教学目标。

叙写教学目标就是指以一定的方式将教学最终要达到的目标表述出来，也就是将人们思想中的要求以文字的形式呈现出来。为了使教学目标能够更好地发挥其对教学过程的指导、激励、聚合等作用，一般而言，需要用具体的、可操作的、可测量的方式来叙写教学目标。

教学目标应包括教学对象（学生）在一定条件下所发生的行为以及行为的结果所达到的程度、水平，即包括教学内容、学生活动、评价标准三个要素。教学内容的选择应是单元（或学习主题）教学框架下某个课时所涵盖的知识内容；学生活动是完成相应教学任务的路径；教学结果的评价指学生学业所要达到的素养水平，是依据不同难度的情境载体的测量水平。例如，在"蛋白质是生命活动的主要承担者"一节的教学中，可以设计这样一个教学目标："分析蛋白质结构与功能多样性（知识内容）的相关资料，小组讨论并概括出（学生活动）蛋白质结构与功能多样性之间的关系，初步理解生命活动与重要化学物质之间的关系以及建构结构与功能相适应的生命观念。"从上述教学目标可以看出，叙写教学目标时除了要关注三个要素的达成度，还要阐述清楚教师要组织的具体的教学内容和材料、学生开展的学习活动设计、核心素养的发展要求，让核心素养的培养在课堂教学中落地生根。

叙写教学目标的误区主要有以下几个：

（1）把教学目标等同于教学内容。

（2）教学目标含糊、不明确。

（3）教学目标单一、不全面。

（4）教学目标缺乏启发性、引导性。

（5）教学目标忽视整体性与个性的统一。

分析完叙写教学目标的误区后我们得知要想使教师科学地确定教学目标，就需要创设一种有利于教师正确理解教学目标以及合理制定教学目标的外在的教师优秀文化，从教师自身着手，帮助教师准确把握教学目标的精髓及将自己理解的目标转化为师生共享的愿景，这是让教师学会如何制定教学目标的实践智慧之所在。

教学目标作为教学系统中的一个具有举足轻重作用的要素，凝结着教师主导和学生主体之间的和谐，体现着当下基础之上指向未来时空的一种结果，具有可操作性、可测量性的特征。教学目标作为教学活动的起点与终点，具有预期性、系统性、操作性以及生成性等特点，同时教学目标也具有导向功能、激励功能、评价功能以及聚合功能。

五、精选教学方法与策略

（一）教学方法

生物学教学方法是在生物学教学情境中，生物教师为了教与学而进行的以生物学为内容的教学活动方式。它既包括教师教的方法，也包括学生学的方法，是师生之间相互作用的方式方法。常见的生物学教学方法有讲授法、谈话法、实验法、讨论法、练习法、演示法、参观法、实习法、阅读法、探究法、复习法等。

（二）教学策略

教学策略是对完成特定的教学目标而采取的教学活动的程序、方法、形式和媒体等因素的总体考虑。教学策略具有指示性和灵活性，其可以较好地发挥教学理论具体化和教学活动概括化的作用。

1. 学习进阶的策略

学习进阶理论认为，学习是一个逐渐积累、可持续发展的过程，学生对大概念或重要概念的理解不是一蹴而就的。在一定的时间范围内，运用恰当的学习策略，学生对某一大概念或重要概念的理解和运用便会逐渐发展、不断成熟，而这种变化也绝对不是简单的、线性的、单维度的，而是多种因素相互联系、相互作用的结果。也就是说，学习进阶是学生关于某一核心知识及相关技能、能力、实践活动在一段时间内进步、发展的历程。

（1）学习进阶的学习模型。学生已有的前概念是学生学习概念的基础，学生学习概念是在以前学习的基础上进一步发展和延伸，随着学段的增长而不断进阶，逐步由现象到本质、由简单到复杂、由低价到高阶。概念的学习与掌握是前后衔接的，对概念的理解是不断深入的。

学习进阶的学习模型如图2所示，其包括：①学习进阶的起点，即学生现有的知识水平——前概念。②学习进阶的终点，即学生要掌握的科学概念及现阶段要掌握的程度。③学习进阶的多个中间水平，即根据学生要掌握的学科大概念、重要概念、次位概念等进行分类整理，确定与概念相关的中间水平，作为学生学习进阶的思维发展路径。学习进阶的起点是学生已有的经验和知识，终点则多为社会对学生的期望，在两个端点（起点和终点）之间存在的多个中间水平则是在大量实证研究的基础上归纳而成的，主要用于描述学生对大概念或重要概念的理解是如何不断发展的。

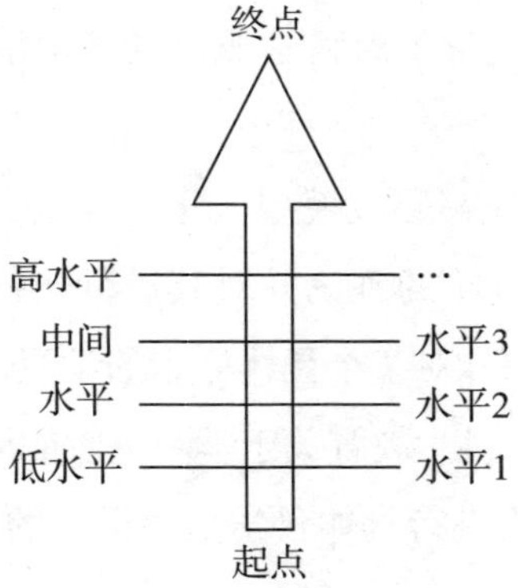

图2 学习进阶的学习模型

例如，基于"生态系统中的各种成分相互影响，共同实现系统的物质循环、能量流动和信息传递，生态系统通过自我调节保持相对稳定的状态"这一大概念，讨论"某一生态系统中生产者和消费者通过食物链和食物网联系在一起形成复杂的营养结构"次位概念学习进阶的构建。首先，从课程角度出发，基于现有教材和课程标准，通过查阅、研究国内外相关文献资料，整理教材的相关内容；其次，结合一线教师的教学经验及对学生访谈结果的分析，建立食物链和食物网的学习进阶假设；最后，通过实践进行验证和修改形成食物链和食物网的学习进阶模型。学习进阶模型分为以下6个水平：水平0，偏离的想法；水平1，学生对食物链和食物网基本上无认知，分析不出给定的常见生物之间的食物链关系；水平2，学生基本能分辨捕食者与被捕食者的关系；水平3，学生能正确描述生态系统中的食物链与食物网；水平4，学生在正确理解和描述食物链和食物网的同时，能解释某些有害物质会通过食物链不断积累；水平5，学生能正确理解食物链和食物网的结构，能正确理解生态系统能量流动和物质循环的过程及其特点，能够区分能量流动和物质循环的联系与区别。

学习进阶的中间过程类似于楼梯逐级上升的台阶，各个台阶象征着学生在不同年龄阶段所能达到的不同水平，而这种"上升的台阶"实质上也是学生身心发展的客观规律。这里将终极目标"化整为零"，即细分为各个年龄段的子目标，让学生在达成子目标的过程中稳步前进。学习进阶描述了学生在理解核心概念过程中所经历的多个中间水平以及各个水平上的成就表现，能帮助教师清楚地了解该如何分解、细化终极目标，并将其前后连贯、层层递进地设置于不同的学段之中，从而使学生对科学概念的理解沿着既定的轨道不断深化、拓展。

（2）学习进阶的概念理解层级模型。北京师范大学郭玉英教授带领团队在深入研究国内外关于学习进阶的理论并对其进行实践研究的基础上，结合层级复杂程度提出了较短时间内针对某个具体概念的学习进阶，建构了科学概念理解的发展层级模型，借鉴国际科学教育关于学习进阶的研究成果与经验，实现了中国式表达，使学习进阶成为进行具体科学概念设计的理论工具。（见表1）

表1　科学概念理解的发展层级模型

发展阶段	发展水平	发展层级	预期表现
锚定终点	水平4	整合	学生能根据核心概念统整对某一科学观念的理解，并建构科学观念间和跨学科概念之间的关系
中间水平	水平3	系统	学生能从系统层面协调多要素结构中各变量的自变与共变关系
	水平2	关联	学生能建构抽象术语和事物数个可观测的具体特征间的关系
	水平1	映射	学生能建构事物的具体特征与抽象术语之间的映射关系
锚定起点	水平0	经验	学生具有尚未相互关联的日常经验和零散事实

在生物学课堂教学中，要基于学习进阶组织教学内容，彰显教学内容的主线。

第一，依据层级模型，结合章节教学内容，建构基于概念理解的发展层级模型。具体思路如下：①结合课程标准和教材，从生物学本体角度分析相关概念的内涵、外延与具体特点；②以层级模型为理论框架，初步拟定相关概念的发展层级；③结合已有研究和教师自身的教学经验对初步拟定的概念理解层级进行修正和完善。

第二，分析建立概念的事实经验，重视事实经验的丰富程度，尽量做到类别多样。

第三，分析促进概念理解从低层次向高层次"跃迁"的科学思维。科学概念既是科学思维的形式，也是科学思维的结果。事实经验是形象的，而科学概念是抽象的，科学思维的过程正是从形象化事实经验向抽象化科学概念的认识飞跃过程。

第四，建构具体科学概念与对应的大观点（包括跨学科概念和学科核心概念）之间的关联。一方面，通过科学概念的学习促进学科核心概念的发展，这就要求重新审视如何建构科学概念，这样才能加深对学科核心概念的理解；另一方面，要注重用学科核心概念统领科学概念的建构，这就要求以学科核心概念视角重新审视建构科学概念的内容和方式。

2. 论证式教学策略

（1）论证式教学内涵。

论证式教学是将科学领域论证工作方式引入课堂，使学生经历类似科学家的论证过程，以促进学生理解科学概念和科学本质，并发展学生科学思维的教学策略。"科学思维"是指尊重事实和证据，崇尚严谨和务实的求知态度，运用科学的思维方法认识事物、解决实际问题的思维习惯和能力。学生应该在学习过程中逐步发展科学思维，如：能够基于生物学事实和创造性思维证据，运用归纳与概括、演绎与推理、模型与建模、批判性思维等方法，探讨、阐释生命现象，审视或论证生物学社会议题。

《普通高中生物学课程标准（2017年版2020年修订）》明确要求：形成科学思维的习惯，能够运用已有的生物学知识、证据和逻辑对生物学议题进行思考或展开论证。例如，《遗传与进化》的"学业要求"：基于证据，论证可遗传变异来自基因重组、基因突变和染色体变异（科学思维、科学探究）；《生物与环境》的"学业要求"：从生态系统具备有限自我调节能力的视角，预测和论证某一因素对生态系统的干扰可能引发的多种潜在变化（生命观念、科学探究、社会责任）；"学业质量水平的质量描述"中"水平3-2"的质量描述为"针对生物学相关问题，能运用科学思维方法展开探讨、审视或论证；在面对有争议的社会议题时，能利用生物学的重要概念或原理，通过逻辑推理阐明个人立场，作出决策"。因此，从对学科课程标准的分析可以看出："论证"贯穿于课程标准的"学科核心素养""课程目标""学业要求""学业质量水平的质量描述"等方面，贯穿于整个教学活动中，是绕不过的培养学生的一个能力点，培养论证能力实际上也是在提升学生科学思维的素养水平。

（2）论证式教学模型。

对于论证式教学模型（见图3）可以做如下解读：课堂中引入"论证"的过程，通过分析"资料"得出"主张"，提出"论据"支持主张，或者经"质疑"和"辩驳"后，完善或认可主张，最后得出结论。教师从实例入手，对教材资源进行重构和补充，利用论据支持、质疑和辩驳主张，最后得出结论并建构概念，从而引导学生层层深入地建构概念、认识科学的本质，践行"根据生物学大概念来建构课程体系和内容框架，选取更符合高中学生认知特点的学习内容和任务"的新课程理念。

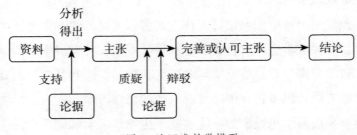

图3　论证式教学模型

3. 问题驱动式策略

问题是科学探究的起点，事物的发展是在不断发现问题和解决问题的循环过程中得以前进的。问题驱动式策略是指以"问题"为主线，通过一系列层次化的"问题链"，激发学生的求知欲，充分尊重学生学习的自主权，以此来引导学生自主学习、合作探究，实现师生之间的有效互动，使学生始终在解决问题的过程中得到进步，从而形成一种以提升学习品质和综合素质为目的的框架和程序。

问题驱动式策略分为三个维度，即以问题为主线、以活动为载体、以能力为目标。可以概括为"一条主线（始终以问题为核心）、两大活动（教师引导学生体验、感受、学习探究生物学问题的途径和方法——总结归纳方法，揭示生物学概念、规律、原理的本质）、三个维度（问题、活动、能力）、四环节循环（强化运用—巩固过手—课堂评价—交流反馈）"。该策略流程图（见图4）如下：

第一，解决问题目标分解、分层。生物学教学的目的是使学生掌握一定的学习方法与能力，并能够借此来解决问题。教师有必要精心设计有利于学生思考、讨论和交流的"问题链"，将知识问题化、问题层次化、层次梯度化。在实施的过程中，要将知识的重难点分为三级目标，让学生通过分析，找到这些问题的内在因素，从而掌握解决这些问题的学习方法。本环节的基本要求如下：①明确本节课的问题（抓住学生注意力、驱动学生的学习动力），其基本要素是明确问题（可分为几级目标）；要将问题分解成多个子问题（目标）；子问题（目标）要表述具体。②创设情境，问题激趣，明确目标。兴趣是入门的向导，是推动学生学习的一种最实际的内部动力。教师在上课的开始就要善于创设情境以激活主体，可以采用借助多媒体或口述等多种方式向学生出示本节课的教学目标，让学生带着目标去学习本节课内容；设置悬念，让学生在一种积极的思维状态中享受发现问题的快乐、解决问题的喜悦。

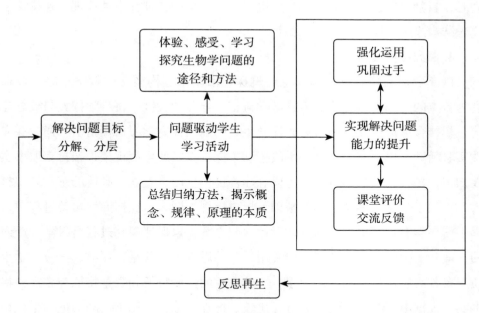

图4 问题驱动式策略流程图

第二，问题驱动学生学习活动。一是让学生体验、感受、学习探究生物学问题的途径和方法。为了保证学生的自主探究活动有思维的碰撞与多元的生成，教师要转变传统的教育观念，不再以灌输知识为主要教学活动，而是以引导者、组织者、参与者的身份，平等地和学生一起参与学习过程。因此，围绕解决问题这一主线，教师要引导学生开展小组合作、互动反馈、分层探究等形式多样的学习活动。二是总结归纳方法，揭示规律、本质。在符合学生认知规律的前提下，让学生在体验中逐步学会探究生物学问题的过程和方法，并归纳、总结、提炼问题的正确结论，揭示生物学现象的本质与规律，可以采用各小组代表上台边演示、边讲解的方式，展示通过实验得到的探究结论，相互交流、取长补短，同时教师做适当点拨。

第三，实现解决问题能力的提升。一是强化运用，巩固过手。本环节中，让学生交流讨论，将探究的新知识应用于生活实际，培养学生的合作交流意识和语言表达能力；教师也可以出示当堂检测试题，用于检测问题目标的学习效果，重在学生当堂过手、解决问题。二是课堂评价，反馈交流。教师不要急于给出答案，先让学生展示答案，让学生通过相互检查在讨论中找出错误所在。同时，教师组织、启发、引导学生进行思维过程的整理和主动梳理，建构课堂概念结构体系，提高课堂教学效率。

4. 探究建构策略

探究建构策略就是引导学生通过探究活动来建构概念的教学策略。以探究为特点的主动学习是落实生物学学科核心素养的关键。将科学探究与概念建构有机结合形成探究建构策略，让学生有明确的探究学习目标指引，通过探究性实验活动，以观察、实验等手段主动去探寻真实的生命现象，亲自获取事实性知识，扩大感性认知范围，为概念建构提供生动、直观、具体的感性认识材料，有利于学生在感性认识的基础上形成概念。同时，在探究性实验过程中，学生需要学会用逻辑思维的方式设计探究方案，以保证探究过程是科学、严谨的；面对实验的现象和结果，需要用批判性思维审视其是否可靠、充分。学生还需要收集所观察到的生命现象、实验对象的性质特征和数量特征等表征，将事实、证据串联起来，经过分析、比较、推理、综合等思维活动，把握生命特征的本质属性，进而建构形成生物学概念。

学生完成某个课题科学探究的实验过程，包括"发现问题、提出问题""形成猜想、作出假设""运用生物学方法设计实验""实施方案、获取证据""作出解释、形成概念""建构生命观念"等。（见图5）

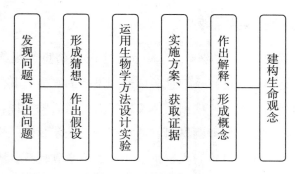

图5 探究建构策略图

第一，发现问题、提出问题。问题是科学探究的第一环节，同时也是科学探究的关键环节。引导学生通过观察尝试从日常生活、生产实际或学习中发现与生物学相关的问题，书面描述或口头表述问题，找出掌握的科学知识与所发现的问题的冲突所在，激发好奇心和探究欲。

第二，形成猜想、作出假设。应用已有的知识，对问题的答案提出可能的设想，并作出可能的假设。

第三，运用生物学方法设计实验。分小组讨论拟订探究计划；列出所需要的材料与用具；确认变量；设计对照实验。

第四，实施方案、获取证据。进行观察与实验；收集证据、数据；评价证据、数据的可靠性。

第五，作出解释、形成概念。用书面或口头语言描述现象，对证据和数据进行判断、分析、综合、归纳，概括抽象出本质特征，促进相关生物学概念的形成。

第六，建构生命观念。在实验探究建构概念的基础上，通过进一步地提炼和升华形成理解或解释生物学相关现象、分析和解决生物学实际问题的意识和思想方法，即建构生命观念。

通过实验、探究类学习活动或跨学科实践活动，使学生加深对生物学概念的理解，提升其应用知识的能力，激发其探究生命奥秘的兴趣，进而使其能用科学的观点、知识、思路和方法探讨或解决生活中的某些问题，从而引领教与学方式的变革，发展学生的学科核心素养。

六、恰当选用教学媒体

教学媒体是指以采集、传递、存储和加工教学信息为最终目的的工具和载体。教学媒体是将教学信息从信息源传递到学生的媒介，其具有明确的教学目的、教学内容和教学对象。依据媒体作用于人的感官的不同，可以将教学媒体分为非投影视觉媒体，如印刷材料、静止图画、图示材料、实物教具、模型等；投影视觉媒体，如幻灯机、投影机、相应的教学软件等；听觉媒体，如录音机、收音机、电唱机、相应教学软件等；视听觉媒体，如电影放映机、电视机、录像机、VCD、DVD等；综合媒体，如多媒体计算机、计算机网络、相应的教学软件等。

恰当选择教学媒体的主要依据：

（1）教学内容。学科性质不同，与之相适应的教学媒体会有所区别；同一学科内各章节内容不同，教学媒体也应有所不同。

（2）教学目标。为了达到不同的教学目标，常常需要使用不同的媒体去传递教学信息。

（3）教学对象。要根据学习者的年龄特征、兴趣爱好、学习能力、学习态度以及群体的规模等选择教学媒体。

（4）教学条件。教学中选用哪种媒体，还要看具体的条件，包括资源、环境状况、经济能力、教师技能、时间、使用环境和管理水平等因素。

比如计算机辅助教学就需要对教师进行具体的操作培训，让教师熟练使用，教师的熟练程度直接影响着教学媒体的使用效果。

七、精心设计教学过程

教学过程主要是指引导学生掌握课堂学习内容的过程，它是一种特殊的认识过程。教学归根到底是引导学生掌握科学文化知识，而学生掌握科学文化知识实质上就是能动地认识世界。学生的智力、体力的发展和品德的形成，都离不开知识的掌握。学生循序渐进地学习和运用知识的认识活动是贯穿于教学过程的主要活动。教师通过教学过程完成教学任务，达到课堂教学目标。因此，对课堂教学的设计直接关系到教学任务能否顺利完成、教学效果是否理想。

精心设计教学过程首先要考虑学生学习知识、接受知识的特点，教学过程各个环节的安排应做到有机、有序、合乎逻辑、合乎学生的实际。具体操作过程是先选好教学目标切入点，接着围绕教学目标提出能统摄中心内容的问题，然后引导学生去探讨中心问题，让学生质疑，再引导学生去思考、讨论、回答问题，最后归纳、总结。

其实，课堂教学过程的安排设计，就是对教学方法的设计。而教学中实施教学目标的过程，也就是运用教学方法的过程。

八、进行教学评价

教学评价是以教学目标为依据，制定科学的标准，运用一切有效的技术手段，对教学活动的过程及其结果进行测量，并给予价值判断的过程。教学评价按照评价功能的不同分为诊断性评价、形成性评价和总结性评价；按照评价基准的不同分为相对评价、绝对评价和个体差异评价；按照评价内容的不同分为过程评价和成果评价；按照评价表达的不同分为定性评价和定量评价。

《普通高中生物学课程标准（2017年版2020年修订）》十分重视教学评价，在其评价建议中指出："教学评价是日常教学过程中不可或缺的重要环节，是教师了解教学过程、调控教和学的行为、提高教学质量的重要手段。评价以学生发展为本，以生物学课程内容、学业质量标准为依据，聚焦学科核心素养，促进教师的教和学生的学。"评价的内容以生物学大概念、重要概念等主干知识为依托，检测学生学科核心素养的发展水平。评价方式上提倡多元评价，可以采用学生自评和互评、小组评和教师评相结合的方式。评价方法多样化，如实验报告、实验设计、探究过程记录、综合性实践活动、作业练习测验、单元和学期考试等。

九、完善教学反思

（一）教学反思的定义

教学反思是对教学活动本身的深入思考，是对教学经验的重新组织和重新建构，是教师理解、评价教学实践的一种手段。教学反思具有如下功能：首先是对各种教学活动有更深入的认识和理解；其次是关注课堂教学的有效性、时效性；最后是加速教师的专业化进程，有利于教师更好地凝练自己的教学特色和风格。

（二）教学反思的类型

教学反思的类型可分为：

（1）教学前、教学中、教学后的反思。教学前的前瞻性反思在进行教学设计时进行，以教师原有的实践经验和对学生、对教材的把握为基础，有助于提高教师的预测和设计能力，能够使教学成为自觉的实践；教学中的即时性反思在上课过程中进行，表现为对预设教学设计的酌情调整、对生成性问题的恰当处理，具有监控性，有助于提高教师的调控能力；教学后的回溯性反思在课后进行，教师以课堂上发生的事实为依据，具有批判性，有助于提高教师的教学评价能力和经验总结水平。

（2）纵向反思与横向反思。纵向反思是把教与学的今天、昨天与过去进行比较，同时不断地获取学生的反馈意见，以历史的、发展的眼光进行思考和梳理，发现依然存在的问题或问题的变化，从而进行改善；横向反思是把自己的教学与同事的教学进行比较，学习别人的教学长处，找出自己和他人在教学设计与实施上的差距，解析行为背后的理念的差异，从中获得改进教学的启示。经常性听课、评课就是横向反思与超越自我的绝佳机会。

（3）个体反思与群体反思。个体反思是一种基于课堂教学事实的自我诠释与追问，是一种理解与实践之间的内心对话。最常见的如"课后思""单元思""期中思""期末思"或一个学年、一届教学后的反思。群体反思是教师作为专业人员的彼此交流、互动与合作。与同行的沟通、交流也是教学反思的重要途径，这是由教学的社会性所决定的。最常见的反思形式是备课组、教研组的校本研修，它注重问题的共同诊断、教师间成功经验的分享与共同提高，有助于形成、建立学习共同体。

（三）教学反思的基本要求

明确反思什么，是教学反思有效进行的前提。一般来说，与教学实践相关的问题均可以作为反思的对象与内容。当然，可以从不同角度来确定反思的内容，在"过程回放"的基础上，选择适当的切入点，检验教学的成败得失，思考其产生的原因，进而搭建一个反思的内容框架。

1. 反思教学设计

教学设计是课堂教学的整体规划和预设方案，其勾勒出了课堂教学活动的结构过程与效益。反思教学设计最基本的内容，就是对这些预设是否适合教学的实际进程、进展做比较、判断和分析。

2. 反思课堂教学

首先，反思"教"。一是判断教学效果，比如预设的教学目标是否达成，找出超出预期或未达到预期的目标等；二是考察教学过程，比如各教学环节时间分配的合理性，各项学生活动实际开展的情况，课堂氛围营造得如何，教师与学生、学生与学生之间的沟通情况，教师有没有关注到学生的学习差异等；三是审视自身的语言、行为，比如提问是否清晰、是否问在了关键处，学生是否有独立思考的机会，教师的讲解是否准确、启发效果如何，教师的各种教学手段、对媒体包括板书的使用是否得当，是否实现了动态生成，并做到了系列化、系统化等。

其次，反思"学"，主要是审视学生的实际收获，即学生在学习过程中"懂"了哪些、"会"了什么、经历了哪些过程、"悟"了多少、发现并解决了什么问题、形成了怎样的能力、有了怎样的情感体验等。分析学生的课堂表现（行为、语言表达等），包括分析学生的学习兴趣、态度、主动参与程度；分析学生对知识的理解水平、对某些关键性问题的反应；分析学生所使用的问题解决策略，以及作业完成情况等。同时，教师还需要及时捕捉学生的奇思妙想和剖析学生的错误认识。

参考文献

［1］中华人民共和国教育部.普通高中生物学课程标准（2017年版2020年修订）［M］.北京：人民教育出版社，2020.

［2］裴娣娜.教学论［M］.北京：教育科学出版社，2018.

［3］皇甫倩，常珊珊，王后雄.美国学习进阶的研究进展及启示［J］.外国中小学教育，2015（8）：53–59.

［4］张玉峰.基于学习进阶的科学概念教学内容整合［J］.课程·教材·教法，2019（1）：99–105.

［5］赵占良.生物学概念教学论［M］.南宁：广西教育出版社，2021.

［6］中华人民共和国教育部.义务教育生物学课程标准（2022年版）［M］.
北京：北京师范大学出版社，2022.

［7］杨金花.师范生课堂教学技能实战演练［M］.北京：北京联合大学学
术出版社，2018.

概念学习进阶视域下的教学设计（一）

——以"肺与外界的气体交换"一节为例

四川省成都石室中学 张 良

一、教学分析和思路设计

本节教学内容选自人教版生物学七年级下册第三章第二节，课标要求学生通过本节内容的学习，能"概述发生在肺部及组织细胞处的气体交换过程"。教材中包括"肺与外界的气体交换"和"肺泡与血液的气体交换"两部分内容，本课时完成第一部分内容。本节学习内容对于学生有较大难度，他们面临的主要学习困难有以下两点：一是没有运动系统的知识，在理解呼吸运动的结构基础这一知识点时会遇到障碍；二是缺乏物理学知识，难以理解在呼吸运动中胸腔容积变化所引起的肺内气压变化，也就无法理解"肺通气"的原理。

为帮助学生解决学习中的难点，使学生真正理解概念的内涵，本节课的教学设计突出以下特点：一是通过观察人体骨骼模型、胸廓结构图等方式，认识呼吸运动的结构基础，树立结构与功能相适应的观念；二是通过体验自身吸气及呼气过程中胸廓的变化、物理模型的模拟实验等活动，感受胸腔容积变化与肺内气压变化之间的关系，进而领悟呼吸运动的机理。学生通过观察模型、体验生命现象、模拟实验等多样化的学习活动，探究"呼吸运动"与"肺通气"的原理，并归纳、概括出"肺通气"的概念，进而建立"结构与功能相适应"的生命观念。

二、教学目标

（1）概述肺与外界的气体交换过程，在此基础上认同结构与功能相适应的生命观念。

（2）基于对生命现象的体验，概括呼吸运动的概念，探讨呼吸运动的原理；以模拟实验为基础，推理肺通气的原理。

（3）运用呼吸运动的原理，尝试掌握人工呼吸的基本方法，并评估将其运用于生活实践的可能性。

三、教学过程

（一）回顾呼吸系统结构，奠定形成概念的基础

教师利用新冠病毒攻击人体呼吸系统的实例，引导学生回顾呼吸系统的结构组成，建立对呼吸系统结构的整体认识，明确肺是主要的呼吸器官。接着，教师提问：肺为何是主要的呼吸器官呢？学生猜测：外界的气体进入人体后到达肺。教师利用学生的猜测，引导学生观察演示实验：

教师先展示猪肺实物，然后请一位学生借助装置往猪肺内吹气，以感受外界气体能否进入肺内，其他学生认真观察。结束后分别请学生描述吹气的感受和观察到的现象。吹气的学生感受到：吹出的气体能直通到肺；而观察的学生可以看到：肺发生膨胀。

借助上述实验体会，教师请同学们归纳呼吸系统的功能。学生的用词不够准确，在教师的引导下学生将呼吸系统的功能归纳为：实现肺与外界的气体交换。教师进而提出本节课的课题：肺与外界的气体交换。

设计意图：在第一个教学环节，教师通过情境化的问题链帮助学生回顾了呼吸系统的结构，带领学生复习了在知识基础方面的前概念。学生对"呼吸运动"有着天然的生活体验，教师利用猪肺吹气的活动让这一体验更加形象化的同时，还引导学生从结构出发，使学生开始思考呼吸系统的功能，为后续的进阶埋下伏笔。

（二）感受呼吸运动的现象，建立结构与功能的联系

教师提问：同学们是否能感受到自己与外界在进行气体交换呢？引导学生通过深呼吸的动作进行感受，再引导学生分析该过程与胸腔运动的关系。

教师布置任务：请同学们将手掌贴在胸前，深吸一口气，感受胸腔发生的变化，并请同学们加以描述。虽然学生感受到的变化不完全相同，但都能感受到吸气时胸腔在运动。教师追加任务：请同学们再次将手掌贴在胸前，进行短暂的憋气，感受胸腔发生的变化。这次同学们都没感受到胸腔的运动，通过对比，学生认识到吸气的实现确实与胸腔的运动有关。教师再次提问：除了胸腔，吸气还与什么结构有关呢？有学生回答：肚子也在动。教师继续布置任务让学生感受吸气时腹部的变化，结果同学们都会不同程度地感受到腹部的运动。

通过完成上述三个任务，学生切实体会到了吸气的实现与胸部和腹部相应结构的运动有关，教师顺势提出"呼吸运动"这一名词，并指出呼吸运动是实现肺与外界气体交换的基础。

设计意图：在第二个教学环节，教师以事实体验为手段，帮助学生从宏观上感知气体交换的过程并意识到这一过程与胸腔的结构有关。学生开始思考肺如何实现与外界的气体交换，这就实现了概念学习进阶。但是，学生对到底是胸、腹部的哪些结构在吸气过程中发生运动、这样的运动又与气体交换的实现有什么本质联系并不清楚。

（三）建构类比模型，探究呼吸运动原理

1. 了解呼吸运动的结构基础——结合模型学习胸腔的结构

教师首先结合胸腔结构模型（见图1）和相关模式图讲解胸腔的结构，使学生明确胸腔由胸廓和相应肌肉构成，胸廓是由肋骨、胸骨、脊柱围成的骨架结构，而相应的肌肉主要包括肋间肌和膈肌。在此过程中，教师引导学生建立起胸腔结构模型与胸腔结构的对应关系。

图1　胸腔结构模型

2. 探索实现吸气的原理——建构胸腔容积变化与气压变化的关系

胸腔的相应结构是如何起作用进而实现吸气的呢？教师布置任务：请利用模型模拟吸气的过程，即想办法使模型中的气球膨胀起来。学生分组进行模拟，经过激烈的争论，最终得到了如下两种使气球膨胀的方法：

方法一：通过吸管往里吹气。

方法二：向下拉代表膈肌的膜。

教师进一步引导学生分析：两种方法中哪一种与人体真实的吸气过程类似呢？双方争执不下之时，有同学提出，往吸管里吹气的方法类似于人工呼吸，而正常情况下吸气的过程是没有外力辅助的，这才使同学们接受了方法二的模拟方式。但"膈肌"向下运动为什么能使气球膨胀进而实现吸气呢？教师进一步通过注射器吸水的模拟实验帮助同学们探索压力与容积的关系，进而建构起上述两种方法使气球膨胀的原因，从而突破实现吸气的原因这一难点：

吹气的方法：增大外界压力→外界压力＞肺内压力→气体进入气球。

拉膈肌的方法：减小肺内压力→肺内压力＜外界压力→气体进入气球。

3. 探寻胸腔容积变化的原因——建构胸腔横纵径的变化与相应结构的关系

胸腔容积增大导致了吸气，那又是什么原因导致了胸腔容积的增大呢？学生联系之前的模拟过程回答出是因为膈肌下移。膈肌又为什么会下移呢？教师通过补充相应的知识使学生认识到是膈肌的收缩导致了膈肌的下移，从而增大了胸腔的纵径。

教师进一步引导学生发现：用装置模拟吸气时，受限于制作材质，装置的横径是没有办法变化的，而在真实吸气过程中，胸腔横径也会增大，并进一步通过动画使学生认识到胸腔横径的增大与肋间肌收缩导致肋骨的上移有关。在整个建构的过程中，教师和学生一起形成了如下概念：

肋间肌收缩→肋骨上移→胸腔横径增大
膈肌收缩→　膈肌下移→胸腔纵径增大 ｝胸腔容积增大→肺内气压减小→吸气

肋间肌舒张→肋骨下移→胸腔横径减小
膈肌舒张→　膈肌上移→胸腔纵径减小 ｝胸腔容积减小→肺内气压增大→呼气

设计意图：在第三个教学环节，教师按照"胸腔的结构"→"吸气的原因"→"胸腔体积变化的原因"这一逻辑线索，从分析结构到得出功能，引导学生在上一水平的基础上继续进阶，建立起呼吸运动与胸腔结构的关系，真正建构起气体交换的原理。在学生思维出现障碍和分歧的关键节点，教师没有直接揭晓谜底，而是引导学生通过论证与辨析突破难点，从而实现概念学习进阶。

（四）归纳总结呼吸运动原理，建立概念模型

教师引导学生总结呼吸运动的原理：人体通过呼吸运动实现了肺通气。呼吸运动是肋间肌、膈肌等呼吸肌通过收缩、舒张引起胸廓节律性扩张与缩小的过程，而胸廓的节律性变化引起肺内气压变化，形成肺内与外界的压力差，实现肺通气。最后形成了如下概念模型：

肋间肌收缩→肋骨上移→胸腔横径增大 ⎤
膈肌收缩→ 膈肌下移→胸腔纵径增大 ⎦ 胸腔容积增大→肺内气压减小→吸气 ⎤

肋间肌舒张→肋骨下移→胸腔横径减小 ⎤   ⎬ 肺通气
膈肌舒张→ 膈肌上移→胸腔纵径减小 ⎦ 胸腔容积减小→肺内气压增大→呼气 ⎦

设计意图：在第四个教学环节，教师以归纳概念模型的任务为载体，帮助学生梳理和升华前三个教学环节中的体验。建立概念模型的过程，也就是学生将概念进阶为素养的过程。从知识的角度讲，学生归纳出了呼吸运动的原理模型；从素养的角度讲，学生形成了结构决定功能的生命观念。

四、教学反思

（一）充分发挥教师的主导作用，引导学生突破学习难点

七年级的学生由于缺乏必要的基础知识，理解"肺通气"原理有很大的难度。这就需要教师发挥好主导作用，一是组织好知识的呈现顺序，以体现知识之间的逻辑关系；二是通过问题设置，创设探究性的学习情境，以激发学生的深度学习；三是以概念模型的方式，总结呼吸运动的原理，以实现概念的建构。

（二）在感性体验的基础上，实现概念的自主建构

"肺通气"机理中涉及的物理学原理是学生学习的最大障碍，针对学生学习的难点，教师引导学生反复感受自身在呼吸运动过程中胸廓的变化，进而通过模拟实验，探索出气体进出肺泡的动力来源，使学生在感知事实性知识的基础上，自主建构"肺通气"的概念，理解"肺通气"的原理。

基于学习进阶理念提升科学思维的教学设计

——以"探究植物向光性的原理"为例

北京第二外国语学院成都附属中学　侯艾君

学习进阶描述的是在教学影响下学生对某知识点由浅入深的认知发展，其设计理念以皮亚杰的"发展认识论"和维果茨基的"最近发展区"理论为基础，以情境为载体，以核心概念为主体，通过组织层级式教学活动来实现学生科学思维和科学探究能力的进阶，最终使学生能用科学的思维习惯和方法认识事物、解决实际问题。提升科学思维的关键是在学习进阶过程中厘清知识点间的逻辑关系，逐步为学生搭建思维进阶的脚手架，本文以"探究植物向光性的原理"为例，探索科学思维的进阶路径。

一、教学分析与设计思路

（一）教学分析

"探究植物向光性的原理"是人教版高中生物学教材选择性必修1第5章第1节"生长素的发现过程"的主要内容，课标要求学生通过本节内容的学习能概述生长素的发现过程及主要结论，本节主要通过达尔文、詹森、拜尔、温特等经典实验来探究植物向光性的原因。但几个实验具体操作起来较为困难，在教学过程中，教师常常按照课本上的实验内容顺序采用阅读教材或者平铺直叙的方式指导学生学习，虽然能够在一定程度上帮助同学们抽象记忆知识点，但很难建立知识点间的逻辑关系。

（二）设计思路

科学实验的探究是培养学生科学思维进阶的一个重要途径，因此笔者以学习过程思维进阶为目标，以探究"植物向光性"的经典实验的学习为主线，确定学习进阶内容和主要学习方式，从而实现学习的进阶。首先教师通过自然现象创设真实情境，展示以教材中达尔文实验为基础的学生实验，让学生获取生物学的知识和现象，单侧光是引起植物向光性的外因，而后以递进式的问题链引导学生从细胞水平、物质观念等角度，通过假说演绎、对比分析、归纳总结等方法，建立胚芽鞘尖端所含物质与尖端下部的生长速率之间的关系，完成概念的自主建构，从而实现科学思维的进阶。

二、教学目标

（1）通过植物向光性实验结果对比分析，小组合作设计和进行实验，探讨胚芽鞘的感光部位，发展科学观察、假说演绎的科学思维素养。

（2）通过观察显微镜下弯曲生长的胚芽鞘细胞形态大小图，从细胞水平的角度阐释弯曲生长的部位与生长速率间的关系，发展学生分析与综合、归纳与概括的科学思维素养。

（3）通过分析詹森实验、斯塔林和贝利斯实验原理，小组合作设计创新性实验，验证尖端存在影响尖端下部生长的"物质"，发展学生发散性思维与创新性思维的科学素养。

（4）通过系统分析温特实验，阐释尖端产生"物质"与下部弯曲生长的联系，发展学生归纳与概括的科学思维素养。

（5）通过文字、图示或者模型等形式建构概念，阐释植物向光性的原理，发展学生建模和自主建构概念的科学思维。

三、教学过程

（一）以自然现象创设真实情境，探究引起植物向光性的外因

教师展示植物向光性的学生实验结果（见图1），引导学生思考引起玉米胚芽鞘直立生长和弯曲生长的外因，并提问：造成植物向光弯曲的内因是什么？学生通过类比法观察实验现象，比较相同点和不同点，尝试解释引起植物向光弯曲的外因，并从表观认识上升到理性认识，猜测引起植物向光性的内因。

图1　玉米胚芽鞘在不同光照处理下的生长状况

学习进阶设置点：以自然现象"植物向光性"导入新课，激发学生解释发生此现象的欲望，为找出引起此现象的因素的探究做情感铺垫。

科学思维提升点：此过程通过科学观察活动的开展，使学生能够初步形成对植物向光性的主观印象，并对此现象进行比较、分析和描述，为探究引起植物向光性的内因提供客观依据的探究欲望，同时提升学生的科学观察力。

（二）探究引起植物向光性的内因

1. 设计实验并操作实施，探究感光部位

教师展示并介绍玉米胚芽鞘结构，提出问题：单侧光使胚芽鞘具有向光性，胚芽鞘到底用什么部位"看见"单侧光的方向呢？教师提供实验材料，学生初步设计并进行实验，大胆预测实验现象和结果。

学习小组通过思考、分析、讨论，共设置了三个实验组并作出了三种假设：感光部位在尖端、感光部位在尖端下部、感光部位在整个胚芽鞘。此时教师引导学生针对自己的主张表达观点，并对他人的观点作出评价或补充。在此过程中学生会产生知识和思维的博弈，而后教师展示学习小组处理不同部位玉米胚芽鞘的生长状况（见图2），学生再根据实验现象，分析得到正确的主张。

学习进阶设置点：此环节探究引起植物向光性的感光部位，为探究弯曲生长的部位做思考铺垫。

科学思维提升点：教师通过问题驱动，组织学生自主设计实验，加强学生设计实验和动手操作的能力，学生依据事实，寻找依据，解决实际问题，培养了严谨的科学思维，启发学生从细胞水平的微观角度探究弯曲生长的部位及其原因。

图2　用不透光的锡箔纸处理胚芽鞘不同部位后的生长情况

2. 从细胞水平分析，探究弯曲生长的部位及生长速率间的关系

教师展示显微镜下观察到的弯曲生长的胚芽鞘细胞形态大小图（见图3），引导学生从细胞水平分析胚芽鞘弯曲生长与细胞生长速率有何关系。学生通过观察、思考、分析、讨论后持有以下两种观点：一是尖端下部背光侧细胞体积大于向光侧，说明背光侧细胞生长速率高于向光侧；二是向光侧的细胞数量多于背光侧，说明向光侧生长得更快。此时教师引导学生从显微镜视野成像的特点及生长与弯曲方向分析结果，得出第一种观点的结论成立。

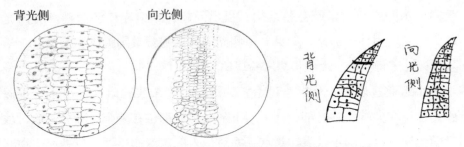

图3　胚芽鞘伸长区纵切面细胞显微模式图

学习进阶设置点：感光部位在尖端，弯曲生长部位在尖端下部。学生会有疑惑：如何解释尖端影响尖端下部弯曲生长？推测可能是尖端产生某种"化学物质"影响到尖端以下的弯曲生长，为验证"物质"存在提供思考起点。

科学思维提升点：此环节灵活运用显微镜知识及细胞生长知识，引导学生从宏观和微观角度分析植物向光性的内因与外因，帮助学生建立由表观现象深入内在原因的联系，通过对素材的分析，培养学生分析图像、提取关键知识点的能力。

3. 设计创新性实验,验证尖端存在某"化学物质"影响尖端以下生长

教师展示教材中詹森的实验(见图4),学生自主分析实验现象,初步得出结论:尖端可能确实存在某种物质,这种物质能够透过琼脂片向下运输,进而促进胚芽鞘生长。为进一步说明尖端物质的存在,教师提示学生效仿"促胰液素"发现过程中斯塔林、贝利斯的实验原理设计实验并书写实验步骤。学生通过回顾斯塔林和贝利斯实验,一致认为可以将胚芽鞘尖端的提取液均匀涂抹在去尖端的胚芽鞘上,观察胚芽鞘生长状况。

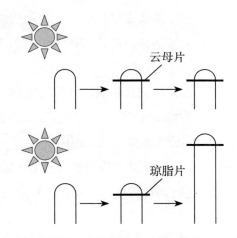

图4 用云母片和琼脂片处理后的胚芽鞘生长情况

学习进阶设置点:此环节中,学生已具备胚芽鞘尖端感光、存在的物质能够向下运输到伸长区、弯曲生长是由于背光侧细胞生长速率大于向光侧细胞等知识,明确知识之间的逻辑关联,为进一步探究该物质与下部的两侧细胞生长速率的联系奠定基础。

科学思维提升点:此环节通过创新性实验设计,不仅锻炼了学生发散思维、思辨能力,同时能够开发学生的创造性思维。

4. 分析温特实验,剖析尖端产生物质与下部弯曲生长的联系

教师展示温特的实验(见图5),引导学生分析实验现象,解释胚芽鞘弯曲生长与尖端产生的物质的联系。通过对已学知识间逻辑关系的系统分析,学生容易分析出尖端产生的物质在尖端分布不均匀,其运输到尖端下部造成弯曲生长。

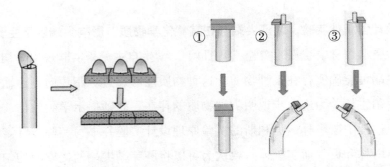

图5 将放置过胚芽鞘尖端的琼脂块置于不同位置后胚芽鞘的生长情况

学习进阶设置点：学生已深刻认识到尖端产生的物质能够影响尖端下部的生长，那么此物质如何影响尖端下部而造成弯曲生长则顺理成章地成为应该解决的问题。

科学思维提升点：学生通过系统分析法，认识到弯曲生长的实质，并且基于实验结果运用抽象与概括思维归纳实验结论，提升解决问题的能力。

5. 建构概念模型，科学解释植物向光性的原因

教师引导学生用图示、文字、模型等建构概念模型（见图6），并举例阐述植物向光性的原因，引导学生在此过程中进行互评与补充。

图6 学生自主建构概念模型（部分节选）

学习进阶设置点：通过对生命现象的科学解释，不仅能够检测学生学习进阶过程中的障碍点及内化程度，还能够形成核心知识点间的整体逻辑联系，使知识结构化、体系化。

科学思维提升点：在建构概念和科学解释现象过程中，不仅可提高学生以分析与综合的思维方式探究生命现象及规律的能力，实现思维进阶，还可培养学生通过理论与实际相结合解决生活实际问题的能力。

四、教学反思

利用学习进阶理论设计教学，能够构建知识之间的支架，基于学生认知水平，触及其"最近发展区"，在发展学生科学思维及科学探究能力的同时，有利于教师采取多种多样的教学形式，使知识点间的逻辑关系更严谨、科学，从而有助于提升教师教育教学水平。因此，教师在教学过程中，应多基于学情分析和进阶分析，将研究的内容问题化，将问题情境化，以问题为驱动，使师生在具体的问题中解决问题，达成教学目标，培养学生科学探究及科学思维的核心素养。

参考文献

[1] 姚建欣，何春生. 基于学习进阶的中学物理教学改进研究 [D]. 北京：北京师范大学，2020.

[2] 刘晟，刘恩山. 关注学生的认知发展和生活经验 [J]. 教育学报，2012（2）：8.

概念学习进阶视域下的教学设计（二）

——以高三二轮复习"病毒与机体健康"专题为例

成都美视学校　钟毓莉

一、教材分析及思路设计

　　"病毒与机体健康"相关知识穿插在三本必修教材的不同章节中。新冠疫情的爆发，使病毒成了高考的热点。在二轮复习时把"病毒与机体健康"内容作为专题进行复习，可以将"病毒与机体健康"有关知识融会贯通，有助于促进学生发展分析和解决问题的能力。

　　学习进阶是对学生连贯且逐渐深入的思维方式的表述，概念学习进阶则是学生对核心概念的理解的逐步深入和持续发展。本专题涉及内容广，需要建构相关概念（如表1）。结合学情，从知识角度看，通过教材学习和一轮复习，虽然学生对病毒的结构、增殖、应用等已有所了解，但还缺乏系统性认识，需通过搭建概念体系将各部分知识进行有效串联和整合；从能力角度看，一轮复习后，学生具备一定的信息获取、归纳与概括、分析解决问题以及表达能力，但还需加以提升。基于学习进阶理念，教师引导学生通过自主建构、交流完善概念体系，让学生具备知识整体观。从生活中发现问题，运用材料分析、问题探讨、模型建构等活动帮助学生在真实情境中理解知识，提高学生运用知识解决实际问题的能力，进而使学生形成生命观念、科学思维和社会责任。

表1 "病毒与机体健康"概念学习思维进阶

本节概念	概念学习思维进阶水平	
	思维水平	具体内容
遗传信息控制生物性状，并代代相传	水平1	多数生物的基因是DNA分子的功能片段，有些病毒的基因在RNA分子上
	水平2	基因通过控制蛋白质的合成来表达所携带的遗传信息
	水平3	不同生物的不同细胞中遗传信息传递存在差异
生命个体的结构与功能相适应，各结构协调统一，共同完成复杂的生命活动，并通过一定的调节机制保持稳定	水平1	生物体的结构与功能相适应
	水平2	动物体内环境稳态的调节机制是神经–体液–免疫调节网络
	水平3	特异性免疫是通过体液免疫和细胞免疫两种方式，针对特定病原体发生的免疫应答

二、教学目标

基于课程标准的内容要求、学业要求和学业质量标准，并围绕培养学生核心素养的要求，制定了如下教学目标：

（1）通过建构与评价概念图，提高自主学习、归纳与概括、评价能力。

（2）通过材料分析，绘制出病毒侵染过程图、免疫调节图解、体温调节图解，提高信息提取和处理能力、图示表达能力。

（3）根据情境，阐述病毒增殖过程，提出抑制病毒增殖的措施，提高分析、解决问题能力。

（4）通过分析提出药物研制思路并设计实验验证，表达实验思路，提高知识应用及实践能力。

（5）参与社会生活中的热点议题讨论，增强社会责任感。

三、教学过程与策略

（一）前置学习，建构知识框架

任务：课前自主学习、梳理教材中所涉及的病毒背景知识清单，建构概念图。

要求：

（1）结合所学内容分小组进行创作。

（2）将各概念之间的关系表达清楚，标明对应知识在教材中的分布位置。

提示：先自主完成再进行小组内讨论、修正，完善。

设计意图：通过该活动，促进学生协作学习，自主建构概念图，建立知识内在联系，将抽象内容可视化，提升高阶思维能力。

（二）课堂探究，发展思维能力

针对前置学习，各小组进行分享，进行自评、互评，教师点评、纠错，通过生生互动、师生互动完善知识体系建构。

教师给出情境材料：新型冠状病毒给全人类造成了很大的影响。针对新冠疫情，你最关注的问题有哪些？应该如何展开研究呢？引导学生结合生活实际，进行分析讨论，实现知识迁移与应用。

材料一：新冠病毒在体外存活时间根据环境条件的不同存在较大差异，但总体都较短。在潮湿空气中，新冠病毒可存活48小时，但在干燥空气中，2小时后其活性会明显下降，传染性明显降低。

冠状病毒的刺突蛋白（S蛋白）是膜蛋白中的主要抗原。新冠病毒的病原体2019-nCoV依靠囊膜上的S蛋白以人类细胞膜上的血管紧张素转换酶2（ACE2）为侵入受体。ACE2蛋白广泛分布于人体内皮细胞膜上，因此新冠病毒可以入侵肺泡细胞、肾细胞、生殖细胞等内皮细胞。其侵染过程见图1：

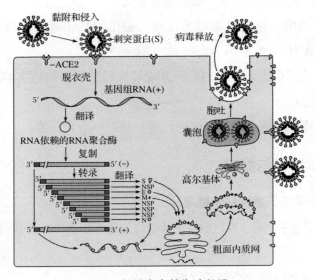

图1　新冠病毒侵染过程图

问题探讨：

（1）新冠病毒在体外存活时间短的原因是什么？

（2）新冠病毒通过什么方式进出细胞？体现了细胞膜的哪些特点和功能？

（3）分析其与T₂噬菌体侵染大肠杆菌的过程有何异同？用图示表示新冠病毒的遗传信息传递过程。

设计意图：问题（1）使学生通过提取信息进行分析，锻炼学生信息获取和处理能力。问题（2）促使学生运用生命观念审视问题，作出判断。问题（3）通过对比学习，建立遗传信息传递概念图，实现知识巩固和升华。

材料二：新冠病毒侵入正常人体后会引起机体发炎，发热过程分为体温上升期、高温持续期和体温下降期。图2为体温上升期机体体温调节过程，其中体温调定点为调节体温于恒定状态，是下丘脑体温调节中枢预设的一个温度值，正常生理状态下为37℃。

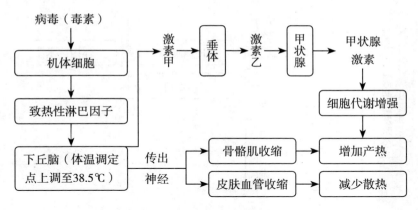

图2 新冠感染后机体体温调节过程示意图

问题探讨：

（1）新冠病毒导致发热的原因是什么？

（2）体温上升期的调节方式有哪些？散热量是否等于产热量？为什么？

（3）结合人体稳态调节，说明高温持续期人体有时会出现脱水现象，这时机体如何进行调节。

材料三：研究表明新冠病毒可以攻击人体肺泡细胞引发肺炎，重症患者会出现呼吸困难、低氧血症、酸中毒等症状，表现出呼吸急促；肺部组织间隙和肺泡渗出液中有蛋白质、红细胞等成分，会出现肺水肿。

问题探讨：

推测重症患者出现呼吸急促、肺水肿的原因。

设计意图：通过两则资料分析，引导学生将不同板块知识进行有效链接，实现知识的综合应用。同时也帮助学生在真实情境中构建出内环境稳态的调节机制，进一步促进概念的生成。

学生活动：我国通过制取疫苗、研发药物等方法进行新冠疫情的有效防治，请就此进行小组讨论。

问题聚焦：

（1）疫苗制备原理是什么？写出两种制备疫苗的基本思路。

（2）提出药物制取的思路，并设计实验证明药物的有效性。

（3）参考图3，分别说明灭活疫苗等多种疫苗的作用机理。

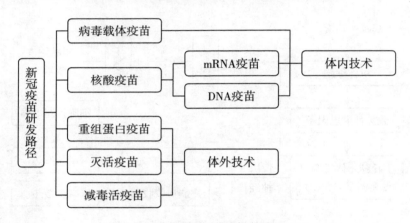

图3　新冠疫苗研发途径

设计意图：进一步拓展，引导学生思考，促进学习进阶，提升学生的批判性及创造性等高阶思维能力。结合学生的分析，进行组内自评、小组互评，师生共同探讨提出合理建议及验证方案。教师重点关注学生所提方案的依据及合理性，验证方案设计是否遵循实验设计的基本原则，培养学生科学探究、科学思维等核心素养。

资料四：《新型冠状病毒感染的肺炎诊疗方案（试行第五版）》中加入了血浆疗法，针对重症病人使用。在缺乏疫苗和特效药物的情况下，"血浆疗法"只是一种探索性治疗方法。

问题探讨：

"血浆疗法"需要哪些人员的血浆？治疗原理是什么？

设计意图：科学研究是无止境的，研究课题源于生产生活，其成果又作用于实际生产生活。希望每位同学都始终勇于探究、认真钻研，努力让人类生活更加健康、高效、有品质！

（三）巩固提升，延伸课堂

精选病毒相关高考题目进行对点训练，及时进行反馈。课后在班级信息栏发布"病毒知识存疑与解答"，针对学生复习后的疑惑进行进一步解答。将学习延伸至课外，形成良好的学习风气。

四、教学反思

高考导向从知识与能力立意转向了素养立意。基于深度学习的教学更有助于发挥学生的主体地位，促进学生学习进阶，以情境为线索，引导学生逐步深入探讨，帮助教师根据学生反馈及时调整教学难度，梯度和教学策略，更好地实现对学生的过程性与终结性评价。

因课堂时间有限，我们可以将部分内容延伸至课前、课后来进行铺垫或拓展，以提高课堂效率。情境化的教学也更易实现把知识与生产、生活、社会热点和科技前沿等联系在一起，拓展学生学习空间，引导学生关注社会，提高学生的学习主动性和积极性，最终达到学科核心素养的提升。

参考文献

［1］郑达钊.基于学科核心素养发展的教学目标叙写［J］.生物学教学，
2020，45（11）：3.

［2］张旭辉.高三二轮专题复习课"病毒"的教学设计［J］.生物学教学，
2019，44（9）：30-31.

基于概念学习进阶视域的教学设计

——以"物质跨膜运输的方式"一节为例

四川省成都市中和中学　刘小韵

《普通高中生物学课程标准（2017年版2020年修订）》中指出高中生物课程内容学习要聚焦大概念，本文选择"物质跨膜运输的方式"一节中的重要概念进行建构，引导学生从事实或证据中建构概念，在概念学习中发展学生科学思维，提升学生核心素养。

一、教学分析和思路设计

本节选自人教版高中生物必修1"物质跨膜运输的方式"部分。根据课标分析，本节内容学习前学生已完成"细胞是生物体结构和功能的基本单位"这一概念的学习，已具备细胞结构相关知识。本节教学拟建构——"物质通过被动运输、主动运输等方式进出细胞，以维持细胞的正常代谢"这一概念，属于"细胞的生存需要能量和营养物质，并通过分裂实现增殖"这一大概念下的重要概念。根据教材内容分析，本节学习内容主要包括自由扩散、协助扩散和主动运输这三种运输方式的实例，但是缺乏对运输方式的特点和影响因素的进一步探究。学生往往只能机械式记忆物质运输类型，不能迁移分析其余跨膜运输的实例，难以利用所学知识解决实际生活中的问题，不利于科学思维的发展。

因此本文开展了基于概念学习进阶的教学设计。本节课以"哺乳动物成熟红细胞"为载体，通过模拟实验探究膜的通透性，真实感受物质可以以不同的方式进行跨膜运输。学生在问题驱动下进行不同物质的跨膜运输实例分析，通过小组合作探究归纳总结出各类跨膜运输方式的特点及影响因素，并利用知识解决生活实际问题，完成从"细胞膜控制物质进出→物质跨膜运输过程→物质跨膜运输方式的特点→影响物质跨膜运输速率的因素→利用原理解决生活实际问题"的概念学习进阶。

二、教学目标

基于课程标准的内容要求、学业要求和学业质量标准，并围绕培养学生核心素养的要求，制定了如下教学目标：

（1）能够举例说明物质跨膜运输方式的类型及其特点，能解释生命现象，能运用已学知识解决生活中的现实问题。

（2）通过观察自由扩散和协助扩散示意图，说出两种被动运输方式的异同点，培养归纳与概括的科学思维。

（3）分析教材中所列举的某些离子进入细胞的运输情况，得出主动运输的概念；进一步分析影响主动运输的因素，阐明主动运输对细胞生活的意义。

三、教学过程

本节选择以学生为主体的学习模式，结合生活实际设置问题情境，通过由浅入深的问题引导学生在科学探究的过程中达成不同的概念建构。

（一）问题激疑，感知物质跨膜运输

教师给出哺乳动物成熟红细胞中的化学成分表和血浆中的化学成分表，提出问题：血浆是成熟红细胞的生活环境，为什么红细胞内外物质会出现如此大的差异呢？学生提取表格中的关键信息，回顾细胞膜作为细胞的边界，是具有控制物质进出功能的选择透过性膜。在此基础上设置问题情境：不同物质如何通过细胞膜？

设计意图：以学习过的哺乳动物成熟红细胞为实例引入，便于学生理解分析。通过分析细胞膜内外物质差异发展学生分析与概括的科学思维。通过设置问题情境引领学生进一步探究。

（二）模型建构，分析物质跨膜运输方式

回顾哺乳动物成熟红细胞提取细胞膜实验，给出哺乳动物成熟红细胞的细

胞膜结构（见图1），引导学生思考：从细胞膜结构分析，哪些分子可以直接通过脂双层？哪些分子不能直接通过？

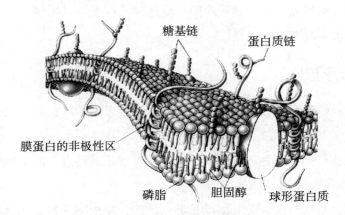

图1 哺乳动物成熟红细胞细胞膜结构

学生通过分析发现细胞膜的主要成分有蛋白质和脂质，提出假说：物质可以通过蛋白质或脂质进入细胞。为进一步验证假说，给出人工脂双层示意图（见图2）。

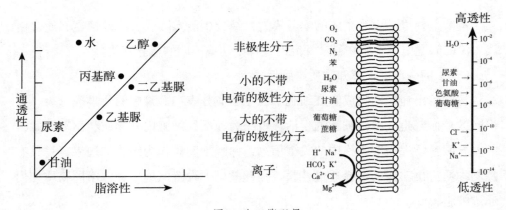

图2 人工脂双层

氧气等气体分子可以直接通过磷脂双分子层，而葡萄糖等分子不能通过。不能通过脂双层的分子需要借助哪种结构通过细胞膜呢？同学们理解不同的分子有不同的运输方式，有的需要借助载体蛋白的协助。在此基础上，学生试图自行构建氧气分子进入红细胞模式图、葡萄糖进入红细胞模式图（见图3）。

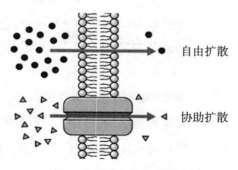

图3　物质进入红细胞模式图

　　结合生物科学史，诺贝尔化学奖——水通道蛋白的发现，阿格雷和他的研究组公布的水孔蛋白三维结构图像，提出问题：在观察红细胞吸水和失水实验中，水分子的运输方式有哪些？引导学生在判断水分子进出细胞的方式时，进一步对自由扩散和协助扩散的概念进行辨析，自行设计表格，归纳比较二者的不同，有助于培养学生的归纳概括能力。

　　人体红细胞中K^+浓度比血浆高30倍，K^+可否通过自由扩散或协助扩散进入红细胞？为什么？学生分析发现，K^+运输为从低浓度到高浓度的逆浓度梯度运输，缺乏了浓度梯度产生的势能，需要细胞提供能量。教师顺势引入主动运输的实质，追问：细胞内K^+浓度已经高于细胞外了，为什么还要吸收K^+呢？引导学生思考主动运输的意义：保证活细胞能够按照生命活动的需要主动选择吸收所需要的营养物质，排出对生命有害的物质。然后进一步补充完整运输方式比较的表格（见表1）。

表1　物质运输方式比较

离子与小分子	被动运输		主动运输
	自由扩散	协助扩散	
浓度差			
是否需要载体			
是否需要能量			
物质			

设计意图：学生在学习过程中，构建氧气分子进入红细胞模式图、葡萄糖进入红细胞模式图，从结构和功能角度比较物质输入红细胞的方式，结合教材建构概念，通过构建表格归纳概括不同方式的类型和特点，利用能否分析出新的情境中物质跨膜运输的方式检测概念的掌握情况。

（三）合作探究，分析影响跨膜运输速率的因素

在学生归纳完善三种物质跨膜运输的方式后，在理解的基础上分组讨论：哪些因素会影响红细胞的物质运输速率？请用曲线图表示出影响因素和物质运输速率的相互关系。

根据前期整理出的对照表格，学生可以判断出浓度差对自由扩散物质跨膜运输速率的影响，但是易忽略载体蛋白对物质跨膜运输的影响，于是给出载体蛋白构象改变介导溶质分子跨膜转运模型（如图4），引导学生理解载体蛋白不仅有特异性还有饱和现象，载体蛋白数量同样会影响跨膜运输速率。学生自行绘制出溶液浓度与跨膜运输速率曲线图。

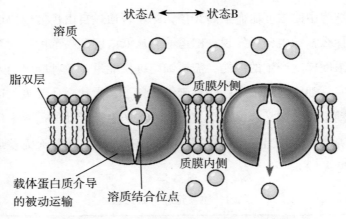

图4　载体蛋白构象改变介导溶质分子跨膜转运模型

小组展示并互相修正。在影响主动运输速率的曲线中，学生容易认为氧气浓度为0时没有主动运输。教师引导学生回顾呼吸作用过程，同学们在理解细胞仍能通过无氧呼吸释放能量后，修改完善氧气含量对跨膜运输速率的影响曲线图。各组同学将修改后的曲线图进行展示并进行讲解（见图5、图6、图7）。

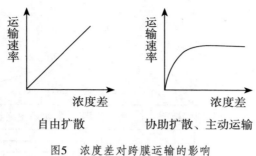

图5 浓度差对跨膜运输的影响

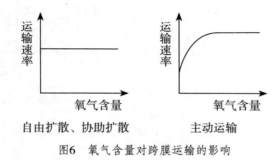

图6 氧气含量对跨膜运输的影响

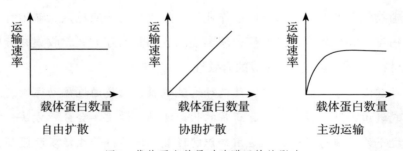

图7 载体蛋白数量对跨膜运输的影响

设计意图：在合作探究中，提高学生的语言表达和团队合作能力，发展学生批判性思维和创造性思维。通过分析运输速率，进一步构建影响物质跨膜运输因素曲线图。在教学中根据能否由模式图或曲线图判断出对应的运输方式，能否解释物质跨膜运输速率随外界因素发生各种变化来检测概念的掌握情况。

（四）融合应用，解决生活中的跨膜运输问题

学生在分析讨论后认识到了生物体中存在多种的跨膜运输方式，利用软件自行建构概念图（见图8）。

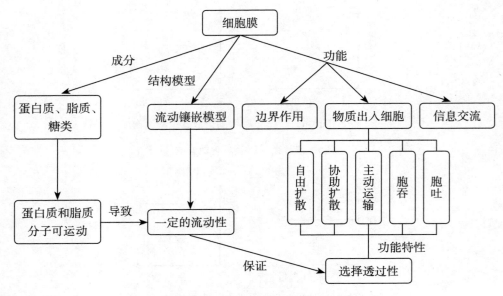

图8 物质运输方式概念图

　　为了进一步理解细胞的输入和输出，需要设计实验来引导学生分析不同离子进入植物细胞的方式。布置课后作业让学生收集与物质输入、输出有关的疾病相关信息，并分析囊性纤维病、尿毒症的成因和治疗方案，收集并分析学生的课后材料，检测本节内容完成的有效性。

　　设计意图：学生认同细胞膜是选择透过性膜，物质通过被动运输、主动运输等方式进出细胞，以维持细胞正常的代谢活动。学生学会分析方法，能够分析新情境下的物质跨膜运输，运用知识解释囊性纤维病等生活实际问题，形成生命观念的同时达成"利用原理解决生活实际问题"的概念学习进阶。

四、教学反思

　　为突破本节课的教学重难点，达成学习目标，教师播放自制动画，将抽象知识形象化，同时鼓励学生自主绘制曲线图，在合作探究后向同学讲解，以促进概念的掌握，培养学生结构与功能相适应的生命观念。课中设计问题让学生产生认知冲突，同时组织多个分析讨论的活动，培养学生分析、比较、归纳等科学思维。通过组织水肿、尿毒症等疾病机理的分析，有利于激发学生对知识的兴趣，升华对重要概念的理解，树立社会责任感。本节学习内容与"细胞的物质输入和输出"的重要概念衔接紧密，有助于加深学生对这一重要概念的理解，有利于发展学生的科学思维。

参考文献

［1］赵占良.对生物学学科核心素养的理解（二）——科学思维及其教学［J］.中学生物教学，2019（19）：4-7.

［2］张秀峰.基于科学思维培养的"导、学、展、评、测"教学模式研究［D］.济南：山东师范大学，2019.

［3］马妮，徐杰，伍春莲.基于社会责任培养的高中生物学课堂教学设计——以"物质跨膜运输的方式"一节为例［J］.科教文汇，2021（4）：2.

［4］李云会，白建秀."物质跨膜运输的方式"一节基于理性思维的教学设计［J］.生物学通报，2018，53（5）：5.

［5］王雅婷.基于单元教学理念的微课程设计——以"细胞的物质输入和输出"为例［J］.中学生物学，2019，35（10）：4.

基于科学论证学法促进概念进阶的教学设计

——以"血液循环——血管"第2课时为例

四川省成都市玉林中学　刘　畅

一、教材分析

"血液循环——血管"是北师大版初中生物学七年级下册第九章人体内的物质运输第二节"血液循环"的内容。本课时学习的核心内容"血管"是人体各个系统相互联系的血液循环的前置知识。因此，帮助学生掌握血管的结构特点，理解其在运输血液方面的作用和功能尤为重要。理解血管的结构可以帮助学生建立结构与功能相适应的生命观念。《义务教育生物学课程标准（2022年版）》中与本节相关的概念有以下几点。

大概念：人体的结构与功能相适应，各系统协调统一，共同完成复杂的生命活动。

重要概念：人体通过循环系统进行体内的物质运输。

次位概念：血液循环系统包括心脏、血管和血液。

二、教学目标

（1）通过对图片、动画、血管永久装片的观察，结合生活经验，能说出动脉、静脉、毛细血管的结构特点，说明各类血管的功能，并巩固利用显微镜观察物体的能力。

（2）通过认识血管的特点及分析血液运输、物质交换功能，初步建立结构与功能相适应的生命观念。

三、教学过程

主要教学思路为从宏观到微观，从动态观察到静态观察，从实验探究到概念归纳。

（一）体验与观察——以实际经验引入主题促使学生思考

观察活动环节：教师出示"青筋"和"诊脉"图片（见图1），引导学生观察。提问：有同学知道这里的"青筋"是什么吗？摸到的在搏动的结构是什么？

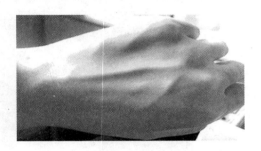

图1 "青筋"和"诊脉"

设计意图：学生进入学习之前已经有血管的相关初步经验，以此切入学生更加容易理解，同时能够直观地感受血管的特点。

（二）分析与推理——以事实推理促进学生建构血管概念

青筋在血管中属于静脉这个类别。静脉的定义跟它的血流方向有关。教师给出前置问题：血液在青筋中沿着什么方向流动？

环节1：播放静脉注射视频，推理血管中的血液流向

输液时为了让静脉充血更明显，往往会在手腕扎紧橡皮管。提问：同学们能推测静脉的血流方向吗？（学生尝试回答：手腕血流被阻断，手背血管鼓了起来）教师进而引导学生总结：以心脏为参考位置，可以发现静脉的血流方向是流回心脏的。手腕摸到的可以搏动的属于另一种血管——动脉。其血流方向是从心脏流出，和静脉相反。（出示"诊脉"图片）最终通过视频和血管定义对比，帮助学生建构起两类血管的概念。

环节2：运用概念定义进行演绎练习

要求学生用30秒时间将血管血流方向记录在任务单上。再进行练习：根据动图中的心脏血液流向判断动脉、静脉（见图2）。

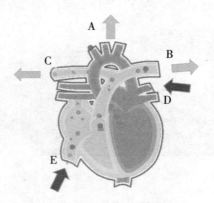

图2　心脏相连血管血液流动方向

设计意图：根据科学论证的步骤，让学生通过观察事实证据，运用推理分析的思维方式得出观点，并且在新的情境中运用概念定义，巩固理解。

（三）分析与推理——以观察真实血管为基础归纳血管流向特点

教师提问：在观察具体部位的血管时，没有心脏位置作为参考，此时应如何区分动脉、静脉？

环节1：观察小鱼尾鳍血液流动，归纳血管特点

教师引导学生回顾上一课的"用显微镜观察小鱼尾鳍血管的血液流动"实验结果，要思考的问题如下：

（1）这些血管的内径、血液速度、流向（同一方向？汇集？分散？）有什么不同？

（2）根据所学血管知识分辨图3中的动脉、静脉血管，再尝试分辨观察到的血管。

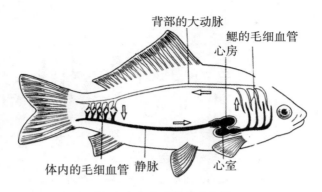

图3　小鱼血液循环系统图

　　教师引导四个组学生汇报描述实验现象，一起观察各组实验结果。学生主要从流速、大小、方向（左右、分散、汇合）这几个方面进行回答。如：第三组观察到血管有交叉汇集现象；第四组观察到血液有汇集、分散现象。（见图4）

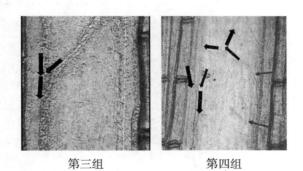

第三组　　　　　　　第四组

图4　学生观察到的小鱼尾鳍血流的实验现象

　　根据观察结果，教师引导提问：血液汇集、分散现象会不会是我们区分动、静脉的新方法呢？

　　环节2：基于事实归纳动脉、静脉的流向特点与区别

　　教师出示图片：微小动脉、毛细血管、微小静脉连接图（见图5），指出图中的箭头方向代表血流方向。要求学生找到动静脉的区分方法并用1分钟时间进行讨论，将结果记录在任务单上。

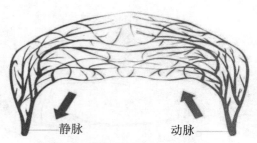

动脉：流动方向是主干 —→ 分支。分散
静脉：流动方向是主干 ←— 分支。汇集

图5　微小动脉、毛细血管、微小静脉连接图

结论：动脉的血液是分散，从主干流向分支；静脉的血液是汇集，由分支流向主干。

环节3：练习

观察不同血管的血流动态图（见图6），运用刚刚归纳的方法判断血管类型。

判断

A　静脉

B　动脉

C　毛细血管

图6　不同血管的血流动态图

设计意图：学生通过观察动、静脉血管，总结血流流动特点，但只有通过分支与主干的流向关系才能真正单凭观察结果就可以将动脉、静脉区分开来。这一环节包括了概念的归纳和运用两个过程，有助于帮助学生及时巩固概念。

（四）观察与分析——观察三种血管的结构特点，分析结构与功能相适应的特点

环节1：观察血管的血流特点，分析其结构与功能的关系

虽然不能直接从流速单独判断血管是动脉还是静脉，但二者血液流速确实有区别。教师出示图片：动脉、静脉血流动态图（见图7）。简述动脉的血液刚从心脏泵出，流速较快；静脉中的血液流速相对较慢。

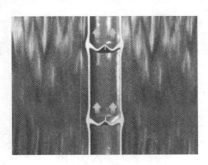

图7　静脉血液流向图

教师提问1：静脉血流慢，是否会有血液倒流？通过观察上图可知，静脉中有单向开放的瓣膜，可以阻止血液倒流。

环节2：观察动、静脉血管横切装片，分析管壁与血液流速的关系

教师提问2：为什么动脉能承受高流速血液的压力？血管的功能是由结构决定的。教师出示血管的横切图（见图8）并提出问题3：图中两种血管中哪一种血管是动脉？要求学生先用1分钟自主阅读教材、填写任务单，完成后再回答。

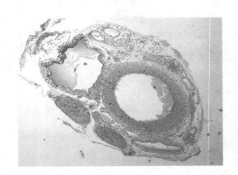

比较动脉和静脉管壁的区别

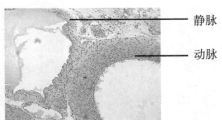

静脉

动脉

图8　血管的横切图

结论：左侧血管为静脉，右侧为动脉。

环节3：观察归纳毛细血管的特点

教师提问4：动脉、静脉如何相连呢？由最细的血管相连（见图9）。

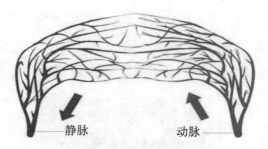

动脉、静脉如何相连？

图9　微小动脉、毛细血管、微小静脉连接图

教师出示图片、动态图（见图10）：毛细血管血流动画，显微镜下的毛细血管血流录像。

图10　毛细血管的血流动画与显微镜下的毛细血管血流录像

教师要求学生观察并总结毛细血管的结构特点：

（1）管壁极薄，仅由一层上皮细胞构成。

（2）管内径极小，红细胞只能单行通过。

（3）管内血流速度最慢。

问题：毛细血管这样的结构有什么特殊功能吗？（出示物质交换的图片，见图11）

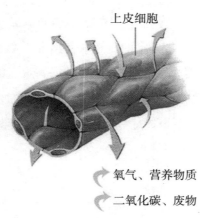

图11　毛细血管的物质交换图

教师引导学生总结：毛细血管中的血液与旁边的组织细胞在进行物质交换。教师提问5：毛细血管这样的结构是否有利于物质交换？学生回答：血液停留时间长使物质交换更为充分。

设计意图：通过多种模型、真实动态图片让学生直观感受血流速度。通过提问静脉瓣的作用、动脉管壁的特点及原因、毛细血管血流特点，引导学生从结构与功能相适应的观点上去分析动脉、静脉、毛细血管的结构和意义，进而形成生命观念。

（五）归纳与总结——总结血液循环系统中的血流路径

学生总结血液在血管、心脏中的流动方向。（见图12）

图12　血液的流动路径模式简图

设计意图：达成"血液在心脏和全身血管中按照一定方向循环流动"的概念，为学习下一课时血液循环奠定基础。

四、教学反思

本节课尊重从事实到概念的学生认知思维特点，基于血管的结构与功能相适应的特点，引导学生从大量丰富的直观事实出发，通过分析、推理、演绎、归纳等思维方法的运用，遵循从证据通过推理得到观点的科学论证方法，帮助学生建构概念层级关系中的重要概念，形成结构与功能相适应的生命观念。本节课的遗憾之处在于由于时间关系，将学生的动手操作放在了第一课时，较为偏重学生的思维训练。

基于科学思维发展的"维生素C"的论证式教学设计

成都美视学校　甘丽利

一、教材分析和思路设计

北师大版教材七年级下册中关于"维生素C"的教学内容包括活动"探究食物中的营养成分"及维生素C的主要生理作用、缺乏症、发现等。新课程标准中对于学生发展科学探究能力的要求是：尝试从生活实际中发现与生物学相关的问题，表述问题，描述所学知识与所发现的问题间的联系，用已知知识对问题作出假设，预估假设可检验性，制订探究计划，列出所需材料用具，设计对照实验并控制变量，实验探究过程中要观察、调查和实验，认真收集数据，处理数据，描述现象，最后得出结论，并且表达、交流、报告。初一学生对维生素C的认知主要源于生活经验，能说出维生素C的名称，知道哪些食物中可能含有维生素C以及其生理作用。在学习过程中，如果仅仅通过文字的学习，学生将缺乏科学发现的体验，学习只能停留在知识的死记硬背层面，不利于学生实验探究能力的培养，同时还有可能会阻碍学生科学思维的发展。

二、教学目标

基于课程标准的内容要求、学业要求和学业质量标准，并围绕培养学生核心素养的要求，制定了如下教学目标：

（1）通过分析教材中有关维生素C发现的材料，阐明维生素C的生理作用、缺乏症及其在食物中的含量。

（2）通过维生素C的测定活动，发展学生实验探究的能力，鼓励学生联系生活实际开展拓展实验，帮助学生设计实验并实施计划，发展学生的科学思维能力。

三、教学过程

（一）追寻维生素C的发现历程

教师展示教材中有关维生素C的发现资料，之后学生提出主张：新鲜的蔬菜和水果中含有丰富的维生素C，维生素C能维持正常的新陈代谢，促进伤口愈合，增强抵抗力，如果长期缺乏维生素C就容易患坏血症。接下来，学生进一步提供证据。

证据一：同样是在一艘开往格陵兰的船上，也是一名船员患上了严重的维生素C缺乏病。当时，这种疾病是无法治愈的，其他船员不得不将他遗弃在荒岛上。当他醒来时，饥饿迫使他吞食岛上的野草，让人惊奇的是，几天后他的维生素C缺乏病竟然不治而愈了。

证据二：维生素C缺乏病曾夺去了几十万英国水手的生命，一直到18世纪，事情才有了转机。名为林德的一个年轻船医，发现并用实验证明了青柠汁和酸橙汁可以治愈坏血症。

证据三：直到20世纪，维生素C，这种能够预防和治疗维生素C缺乏病的物质终于被研究出来，它被称为抗坏血酸。

最后学生得出结论：一些新鲜的蔬菜和水果中含有丰富的维生素C，维生素C能维持正常的新陈代谢，还能促进伤口愈合，增强抵抗力，人体如果长期缺乏维生素C，就容易患坏血症。

设计意图：学生在探讨维生素C的发现历程中，体验了科学发现的过程，通过收集证据加深了对维生素C的主要生理作用及缺乏症的认识和理解。

（二）探究维生素C的科学实验

首先教师演示维生素C的检测实验：取A、B两支试管，分别在试管中加入5毫升的维生素C溶液和清水，然后在每支试管中分别加入10滴加碘淀粉溶液。引导学生观察A、B两试管中溶液发生的颜色变化。

接下来教师提出问题，让学生讨论：

（1）为什么A、B两试管中溶液的颜色变化不同？

（2）哪种水溶性物质可以用加碘的淀粉溶液检测？

学生提出主张并回答：

（1）A试管中溶液出现褪色变化。

（2）用加碘的淀粉溶液可以检测水溶性物质维生素C。

学生进一步提出质疑：我们平时爱喝的维生素C饮料是否真的含有维生素C，能否用加碘的淀粉溶液进行检测。教师鼓励学生思考，并进行积极引导：用加碘的淀粉溶液可以检测水溶性物质维生素C，如果饮料中真的含有维生素C，是可以用加碘的淀粉溶液进行检测的。但是我们要怎样完成这个检测呢？

引导学生设计拓展实验1，实验方案：取A、B、C三支试管分别加入5毫升维生素C饮料、维生素C溶液、清水，再向三支试管中分别滴加10滴加碘的淀粉溶液。观察A、B、C三支试管中溶液发生的颜色变化。学生观察并记录实验现象：A试管中溶液出现褪色变化，B试管中溶液出现褪色变化，C试管中溶液无褪色变化。最后得到实验结论：该维生素C饮料含有维生素C。用加碘的淀粉溶液可以检测维生素C饮料中是否真的含有维生素C，同样的方法，我们可以检测其他食物中是否含有维生素C。学生进一步提出质疑：如果改进实验，我们是否能检测食物中维生素C含量的差别。教师积极鼓励学生，并提议：我们能不能设计实验进行检测呢？

引导学生设计拓展实验2，实验方案：取新鲜的土豆、小白菜、橘子三种蔬菜水果进行榨汁，分别取汁液10毫升并加到A_1、B_1、C_1三支试管中。再取A_2、B_2、C_2三支试管，向三支试管中分别加入3毫升加碘的淀粉溶液，取A_1试管中的土豆汁滴加进A_2试管，观察A_2试管中溶液发生的颜色变化，当A_2试管中加碘的淀粉溶液完全褪色，记录滴加的土豆汁滴数；取B_1试管中的小白菜汁滴加进B_2试管，观察B_2试管中溶液发生的颜色变化，当B_2试管中加碘的淀粉溶液完全褪色，记录滴加的小白菜汁滴数；取C_1试管中的橘子汁滴加进C_2试管，观察C_2试管中溶液发生的颜色变化，当C_2试管中加碘的淀粉溶液完全褪色，记录滴加的橘子汁滴数（见表1）。学生记录实验现象并收集实验数据。

表1　拓展实验2实验现象及实验数据

加碘淀粉溶液	滴加待测样液	第一次	第二次	第三次	平均值
A$_2$（3毫升）	加入土豆汁产生褪色反应	38滴	39滴	40滴	38滴
B$_2$（3毫升）	加入小白菜汁产生褪色反应	13滴	14滴	12滴	13滴
C$_2$（3毫升）	加入橘子汁产生褪色反应	6滴	7滴	5滴	6滴

学生得出实验结论①：橘子中维生素C含量最高，小白菜中维生素C含量次之，土豆中维生素C含量最低。

实验结论②：用加碘的淀粉溶液可以检测食物中维生素C含量的差别。

学生进一步收集资料证据（见表2）：

表2　实验食物维生素C含量表

食物	维生素C含量（毫克/100克）
土豆	16
小白菜	60
橘子	124

设计意图：让学生在已有实验经验的基础上，大胆猜测，积极设计创新实验，提出假设并验证，体验科学探究的乐趣，通过自主论证习得概念。

四、教学反思

在北师大版初中生物学第八章第1节"人类的食物"中，维生素C的教学提供了丰富的情境材料和实验活动，教师提供维生素C的资料，鼓励学生自主收集更多资料证据，在资料证据收集整理过程中，教师引导学生寻找资料证据与科学结论间的关系，允许学生质疑，培养学生反思的科学思维习惯，使学生能够在尊重事实的基础上根据客观事实和数据说出自己的看法，同时也听取并分析不同意见，及时修改自己的意见，在没有充分证据的情况下提出质疑，反驳质疑、改进实验，并得出最终结论，认识维生素C的生理作用及缺乏症。学生在已有知识及实验经验的基础上，积极思考，大胆猜想，设计各种饮料中维生素C含量的验证实验，理清解决问题的思路，通过实验活动获得证据，使自己的猜想和思路得到认可，并上升为结论，让学生体验科学研究过程，帮助学生以科学家的思维方式进行学习，让学生在学习基础知识的同时，模拟科学家在科研过程中解决问题的思路和方法，培养了学生运用证据认识事物的思维习惯和能力。由此看来，论证式教学不仅能够培养学生的科学思维，还能够有效地发展学生的批判性思维和创造性思维。

参考文献

［1］崔静，李径．初中生物学教学中论证式教学案例探析［J］．中学生物教学，2019（15）：4．

［2］杨坚，郑兆炯．基因突变的论证式教学研究［J］．中学生物教学，2020（3）：3．

［3］李悦兰．论证式教学策略在概念教学中的应用［J］．中学生物教学，2017（1）：2．

［4］成立曼，董卅姝．基于科学史与模型建构的论证式教学研究——以减数分裂教学过程为例［J］．中学生物教学，2019（5）：3．

基于科学论证的"被动运输"教学设计

——以"水进出细胞的原理"一课为例

四川省天府第七中学　何　刚

一、教材分析及思路设计

"被动运输"是人教版高中生物学必修1第4章第1节的内容,《普通高中生物学课程标准（2017年版2020年修订）》要求建构的大概念是"细胞的生存需要能量和营养物质,并通过分裂实现增殖"。支撑大概念的重要概念是"物质通过被动运输、主动运输等方式进出细胞,以维持细胞的正常代谢活动"。

本节内容提供了渗透现象、哺乳动物成熟的红细胞吸水和失水、植物细胞典型结构及探究植物细胞吸水和失水的实践活动等相关资料。教材内容从渗透现象出发,利用哺乳动物红细胞吸水和失水的实例,论证了"动物细胞是一个渗透系统,可以通过渗透作用吸水和失水";根据动植物细胞结构的差异,提出问题"原生质层是否相当于一层半透膜";应用探究植物细胞吸水与失水的实践活动,帮助学生论证"植物细胞是一个渗透系统,可以通过渗透作用吸水和失水"。

基于课程标准的要求和科学论证的实践路径,结合教材内容,确定教学设计思路（见图1）。

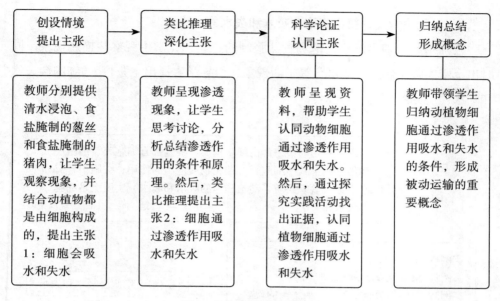

图1 教学设计思路流程图

二、教学目标

根据课标要求、教材分析和学情分析，确定教学目标如下：

（1）通过观察清水浸泡的洋葱丝变弯、凉拌黄瓜出水、腌制腊肉出水等现象，形成细胞会吸水和失水的基本主张，培养学生基于事实推理、抽象概括的能力。

（2）通过组织学生对渗透现象进行分析讨论，总结渗透现象的条件和原理，推理得出被动运输的条件和原理，培养学生类比推理的能力。

（3）通过水进出哺乳动物红细胞的案例与探究植物细胞吸水和失水的活动，形成细胞会通过渗透作用吸水和失水的概念，培养学生科学论证的能力。

（4）通过归纳总结科学论证细胞渗透吸水和失水的过程，形成被动运输的重要概念，培养学生归纳概括的能力。

三、教学过程

（一）创设情境，提出细胞会吸水和失水的主张

教师举起分别用清水浸泡和食盐腌制的葱丝，让学生观察并描述现象，同时出示腊肉腌制后"吐血水"等生活现象，引导学生提出主张1："细胞会失水和吸水"（见图2）。

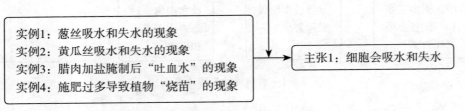

图2　提出"细胞会吸水和失水"的思维过程

设计意图：创设情境，唤醒旧知，激发学生的探索欲望，使学生根据观察到的现象并结合已有认知，提出合理的主张。

（二）探究细胞通过渗透作用吸水和失水的主张

通过对大量实例的分析，学生基本认同"细胞会吸水和失水"的主张，教师顺势提出问题：细胞吸水和失水的原理是什么？学生因此进入思维的痛点。

教师利用教材提供的"问题探讨"中呈现的问题组织学生进行课堂活动，使学生逐步弄清渗透作用的原理，归纳出渗透作用的条件。然后提出问题：动物细胞是否具备发生渗透吸水和失水的条件？如果具备，请同学们列出相关条件。

学生讨论并反馈小组观点后，教师提供哺乳动物成熟红细胞吸水和失水的事实证据，帮助学生论证主张2：动物细胞通过渗透作用吸水和失水（见图3）。

推理1：渗透作用的实质是分子的扩散作用，需要的条件：有半透膜、膜两侧具有浓度差

推理2：动物细胞具有细胞膜、细胞质和细胞核；细胞膜具有选择透过性，相当于半透膜；细胞质中含有水和无机盐

问题探讨活动：渗透现象
实例：哺乳动物红细胞吸水和失水

主张2：动物细胞通过渗透作用吸水和失水

图3 提出"动物细胞通过渗透作用吸水和失水"的思维过程

设计意图：学生通过观看渗透现象的视频，分析渗透现象的原理，总结渗透作用的条件，类比推理得出主张——动物细胞可以通过渗透作用吸水和失水，结合哺乳动物成熟红细胞吸水和失水的现象论证主张。

（三）论证植物细胞通过渗透作用吸水和失水

结合成熟植物细胞的结构示意图，教师抛出问题链：植物细胞是否也通过渗透作用吸水和失水？原生质层是否相当于一层半透膜？植物细胞的细胞壁是否会对其吸水和失水产生影响？根据问题，教师提供相关的器材和试剂，请同学们分组讨论，进行实验设计。

学生小组代表展示实验设计内容。然后，教师引导学生进一步完善实验设计的一些细节问题，例如：

（1）实验材料（材料是否有颜色、是否有液泡等）、试剂、用具的选择。

（2）实验步骤（如何使洋葱鳞片叶表皮细胞处于失水状态，如何使质壁分离的细胞复原）。

（3）预计实验的结果，明确需要重点观察的内容，例如，细胞壁的位置、原生质层的位置、中央液泡的大小等。

学生进行实验，教师适时引导并分析实验结果，得出结论。

首先，教师通过问题1"同学们观察到哪些现象支持植物细胞发生了失水"和问题2"细胞失去的水分主要来自细胞的什么结构？能在图中找到吗"引导学生寻找细胞发生渗透失水的相关证据。

　　其次，教师通过问题3"请大家分析原生质层和细胞壁分离是什么原因导致的"，引导学生充分抓住动植物细胞结构的差异，分析原因，提供植物细胞渗透失水的证据。

　　最后，教师继续引导学生利用清水开展植物细胞吸水实验，观察质壁分离复原现象，以帮助学生建立植物细胞吸水的概念。

　　为进一步论证植物细胞通过渗透作用吸水，教师提供实验视频，即被高浓度溶液处理一段时间后的植物细胞吸水实验（植物细胞因在高浓度溶液中失水过多而死亡，观察不到质壁分离复原现象）。由此，教师抛出问题4："该实验中的植物细胞为什么没有出现质壁分离复原现象？"教师组织学生讨论，论证植物细胞通过渗透作用吸水。

　　通过围绕核心问题进行实验论证（见图4），教师和学生得出：植物细胞可以通过渗透作用吸水和失水。然后，继续引导学生归纳总结被动运输的概念。

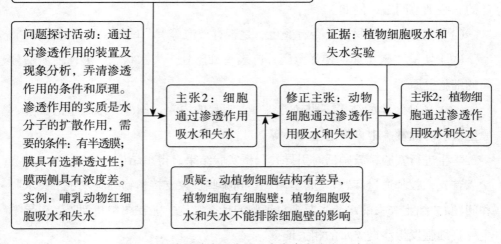

图4　细胞通过渗透作用吸水和失水的论证过程

设计意图：通过引导学生提出问题、作出假设、设计实验、进行实验、分析得出结论，培养学生科学探究的能力，发展学生利用实验和科学事实论证主张的科学思维，提高学生科学思维的能力。

（四）归纳总结被动运输的重要概念

通过充分的论证，学生清楚地了解了渗透作用的原理和条件，明确了"细胞通过渗透作用失水和吸水"的主张，形成了"被动运输"的概念：物质以扩散方式进出细胞，不需要消耗细胞内化学反应所释放的能量，这种物质跨膜运输方式称为被动运输。

设计意图：帮助学生理清次位概念和重要概念的关系，总结由论证形成的基本主张，让知识更加科学严谨、更加系统化。

四、教学反思

本节教学设计的创新之处在于从学生生活的实际经验出发，创设情境，根据学生思维发展的特点，引导学生提出主张，合理地利用教材提供的材料和生活实例进行科学论证。学生提出问题、作出假设、设计实验、进行实验、分析结果、得出结论等探究环节的体验，一方面提高了学生科学探究的能力，另一方面也培养了学生利用事实证据对主张进行科学论证的能力。

参考文献

［1］中华人民共和国教育部. 普通高中生物学课程标准（2017年版2020年修订）［M］. 北京：人民教育出版社，2017.

［2］于佳萍. 基于微课和探究的"伴性遗传"的教学设计［J］. 生物学教学，2017，42（10）：2.

［3］许凡. 以问题为主导的"生物学表述题规范书写"教学设计［J］. 生物学教学，2017，42（10）：3.

［4］成欣耘. "水进出细胞的原理"一节论证式教学尝试［J］. 生物学通报，2021，56（7）：4.

基于科学论证的"细胞膜的流动镶嵌模型"的教学设计

金苹果锦城第一中学　胡思杰

一、教材分析和思路设计

"细胞膜的流动镶嵌模型"选自人教版必修1第4章第2节，主要内容包括探索细胞膜结构的科学史以及细胞膜的流动镶嵌模型，在教材中起着承上启下的作用。本节内容在科学史的基础上，采用论证的教学策略，创建事实情境，从"细胞膜结构中磷脂和蛋白质分子的排列"出发，通过数据分析、质疑、反驳，结合一定的教学方法，引导学生解决问题、得出命题、建立模型，通过不断修改，最终建构概念。

二、教学目标

基于课程标准的内容要求、学业要求和学业质量标准，并围绕培养学生核心素养的要求，教师制定了如下教学目标：

（1）通过学习细胞膜的流动镶嵌模型，建构结构与功能相适应的观念。

（2）通过对科学家探索过程的剖析，建构细胞膜的流动镶嵌模型。

（3）探索细胞膜的组成和结构，感受科学研究的整体过程，了解科学研究的一般方法。

三、教学过程

（一）实验引入，激发兴趣

教师现场用中性红染剂和红墨水染剂对草履虫进行染色，一段时间后放置在显微镜下观察。实验结果是中性红色染料中的草履虫被染成了红色，而在红色墨水染料中的草履虫没有被染成红色，表明细胞膜可以控制物质进入细胞。于是提问：它的结构和功能之间有什么关系？

设计意图：演示草履虫染色实验，帮助学生回顾细胞膜的功能——控制物质进出细胞。此设计不仅能够帮助学生唤起前概念，还有利于激发学生的学习兴趣。在此基础上提出疑问——为什么细胞膜具有这样的功能呢？必定与其结构有关，从而引出主题。

（二）展示史料，引导学生论证

利用生物科学史，让学生跟随历史的脚步，感受科学家的探索过程，掌握论证的方法，建构概念。

1. 对生物膜成分的探索

展示资料：法国科学家欧文顿通过多次实验发现：在正常情况下，能溶解在脂质中的物质很容易通过细胞膜；相反，在脂质中不易溶解的物质很难穿过细胞膜。

学生提出主张：脂质是细胞膜中的成分。

论据支撑：科学原理——相似相溶。

引导学生质疑：在生物学中，可以怎样设计实验来证明细胞膜中确实含有脂质呢？学生分组进行讨论。

引导学生提出辩驳：设计实验方案，提取出细胞膜，将细胞膜放在能溶解脂质的试剂中，进行观察。如果膜的形态结构发生变化，则意味着脂质存在于细胞膜中，反之则说明细胞膜中没有脂质。

展示资料：20世纪初，科学家首次将细胞膜从哺乳动物成熟的红细胞中提取出来进行实验，结果表明，脂溶性溶液中的细胞膜会被破坏。

完善主张：细胞膜中含有脂质。

2. 对磷脂分子排布的探索

展示资料：1925年，科学家使用丙酮试剂从红细胞中提取出了脂质，并将脂质放置在大气—水界面上。科学家发现脂质的面积恰好是红细胞表面积的2倍。

引导学生提出主张：磷脂在细胞膜上可以分为两层。

教师对磷脂的结构和性质进行了深入的讲解：磷脂由甘油、脂肪酸、磷酸等组成。其结构简单，其中"头"由磷酸组成，"尾"由脂肪酸组成。请根据上述磷脂结构将这些磷脂分子分两层排列。

引导学生质疑：哪种方式才是正确的呢？

论据支持：Lamwa在大气和水之间引入了磷脂分子。结果显示，磷脂分子的"头部"浸入水中，"尾部"暴露在空气中。这表明磷脂分子的头部是亲水性的，尾部是疏水性的。所以，它的构造图（见图1）显示如下：

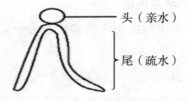

图1　磷脂分子结构模式图

论据支撑：教师讲解人体细胞的生活环境。细胞生活在液体环境中。如血细胞生活在血液中，身体中的其他细胞生活在组织液中，细胞内部85%的化合物是水。所以细胞膜内外都是液体环境。

引导学生完善主张：根据论据，在内外都是液体的环境中，磷脂分子只能以亲水头向外、疏水尾向内的方式排列。

3. 对蛋白质分子排布的探索

展示材料：20世纪初，科学家利用第一个分离出的哺乳动物的红细胞膜进行了实验，将其放在含有蛋白酶的溶液中，发现细胞膜的结构被破坏。

提出主张：细胞膜中含有蛋白质。

论据支持：蛋白酶是一种只能催化蛋白质特定分解的物质。

展示资料：20世纪50年代，电子显微镜诞生，其工作原理是利用电子束进行照射，若是大分子物质，会呈现黑色；反之则呈现明亮。科学家罗伯特森用电子显微镜观察了细胞膜的结构。结果表明，它具有清晰的"暗—亮—暗"三层结构。

引导学生提出主张：蛋白质位于脂质的两侧。

教师带领学生提出疑问：脂质两侧的蛋白质排列方式是所谓的"规则"还是"不规则"？

论据支撑：在科技发展过程中，出现了冰冻的蚀刻电镜技术。当将标本置于-100℃的干冰或-196℃的液氮中时，标本会因冰冻的影响而破裂。在冷冻状态下，用刀切割标本，然后加热。冰会迅速升华并露出横截面，称为蚀刻。在电子显微镜下，观察到的图像是细胞破裂表面的结构。细胞膜被冷冻和蚀刻，图像如图2所示，可见在细胞膜的内侧和外侧都有蛋白质分子分布。

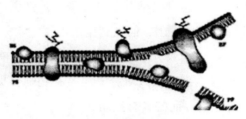

图2　被冷冻和蚀刻的细胞膜

完善主张：蛋白质在细胞膜上的分布是不均匀的。有些蛋白质贯穿磷脂双分子层，有些蛋白质部分或完全置于磷脂双分子层中，有些蛋白质则嵌入磷脂双分子层表面。

4. 对膜流动性的探索

展示材料：教师播放变形虫运动和进食、洋葱鳞片叶外表皮细胞质壁分离、精子和卵细胞结合的视频。

引导学生提出主张：膜具有流动性。

论据支持：1970年，科学家将小鼠细胞与人类细胞结合在一起。在融合过程之前，人类细胞表面的蛋白质分子被标记为绿色荧光，小鼠细胞表面的蛋白质分子被标记为红色荧光。实验一开始，融合细胞呈现绿色荧光和红色荧光各一半，彼此不融合。37℃，40分钟后，二者荧光均匀散布。实验结果显示，细胞膜具有一定的流动性。

设计意图：本节课的内容以科学史形式呈现，因此带领学生重走科学家的探究历程是非常适合学生的一种方法。但是如果仅仅介绍科学史从而得出细胞膜的结构未免显得单一枯燥，因此创设问题情境——细胞膜为何具有选择透过性的功能特性，以"细胞膜结构中磷脂分子和蛋白质分子的排布"为切入点进行资料分析，使学生之间进行质疑与辩驳，引导学生自己解决问题、得出主张、建构模型，并不断修正，进而突破难点；在论证的过程中提升学生的思维能力，从而使学生更好地理解和建构流动镶嵌模型，形成生物体结构与功能相适应的观念。

5. 流动镶嵌模型的基本内容

磷脂双分子层是膜的基本支架。有些蛋白质镶在双分子层表面，有些蛋白质部分或完全嵌入，有些贯穿双分子层。从图表中可以看到，实际上，在细胞膜的组成中，有一种成分没有提到？它的作用是什么？

教师讲解：糖和蛋白质还可以结合形成糖蛋白，糖蛋白在日常生活中起到十分重要的作用。比如，保护作用、信息交流作用等。

引导学生得出结论：磷脂双分子层是膜的基本支架。有些蛋白质会镶在双分子层表面，有些部分或全部会嵌入双分子层，有些则会贯穿于整个磷脂双分子层中。细胞膜并非静态的，而是具有流动性。

四、教学反思

本节主要是通过引导学生对数据进行分析，得出命题，以质疑和反驳的形式不断完善命题。通过对科学家研究细胞膜结构和组成的几个代表性实验的分析，我们可以了解到科学研究具有逻辑性和严谨性。同时，以问题链的形式，环环相扣，引导学生循序渐进地分析实验，逐步体验科学家探索的过程，分析总结出流动镶嵌模型，加深对科学过程和方法的理解。在课堂教学中，大多数学生能够根据教师的想法思考、分析数据、质疑和争论。但是，在质疑和反驳的过程中，学生的思想是完全发散的，教师应该给予正确的、适当的干预和控制。

参考文献

许桂芬.在论证式教学中如何引导质疑和辩驳——以"生物膜的流动镶嵌模型"为例［J］.生物学通报，2014，49（7）：34–37.

基于发展科学思维的论证式教学

——以"生物膜的流动镶嵌模型"为例

四川省成都西藏中学　范婕妤

一、通过论证式教学发展科学思维

《普通高中生物学课程标准（2017年版2020年修订）》和《中国高考评价体系》均提出发展学生核心素养的要务之一是发展学生的"科学思维"。"科学思维"是指尊重事实和证据，崇尚严谨和务实的求知态度，运用科学思维的方法认识事物、解决实际问题的思维习惯和能力。那么学生如何在学习过程中逐步发展科学思维，培养解决实际问题的思维习惯和能力呢？研究表明，论证式教学对于发展学生的科学思维具有积极意义。

论证式教学是将生物学核心概念整理成问题，让学生模拟科学家的论证过程，发展学生科学思维能力的教学模式。其核心是科学论证，即利用已有资料构建主张，再利用论据支持或质疑该主张，最后进一步完善主张。因此，论证式教学的基本流程是：教师通过资料提出问题→学生分析证据提出主张→学生质疑主张→补充论据→学生完善主张→师生总结，通过环环相扣的论证过程培养学生的科学思维，使学生建构核心概念（见图1）。

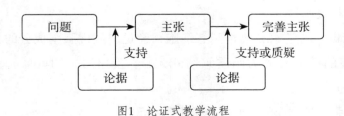

图1　论证式教学流程

生物膜"流动镶嵌模型"的发现历程实际上就是科学家进行不断探索和论证的过程，因此，本节内容适宜进行论证式教学。本文以"生物膜的流动镶嵌模型"为例，充分利用科学史，让学生切实走进科学家的探索过程中去思考、论证、质疑和完善，让学生在科学思考和论证中迸发出思维火花，在建构概念的同时发展科学思维，也进一步体会科学探索过程的艰辛和科学家锲而不舍的精神。综上所述，笔者制定了如下教学策略：提出问题、引发论证→论证生物膜成分→论证磷脂位置→论证蛋白质位置→分析"流动镶嵌模型"。

二、论证教学过程

（一）提出问题，引发论证

首先提供三种材料，让学生选择最适合用以制作细胞膜的材料并简述理由。学生不难从物质进出细胞的方式的角度简述选用弹力布的理由，教师引导学生从"结构与功能相适应"的观点出发探究细胞膜能够控制物质进出细胞的本质原因，从而引入对生物膜结构的探索。

（二）生物膜成分的论证

教师提供资料：实验发现溶于脂质的物质比不能溶于脂质的物质更容易通过细胞膜进入细胞。

提出问题：通过以上资料，得出膜是由什么成分组成的？

学生分析：化学课堂上，我们学习了"相似相容原理"。

提出主张：膜的成分可能是脂质。

学生提出质疑：膜的成分是脂质的主张是通过推论得出的假说，需要通过实验进行验证。

学生分析：学生提出多种验证思路，例如使用脂（质）酶或蛋白酶处理细胞膜，若细胞膜能够被分解，则说明其成分中含脂质和蛋白质等。教师鼓励学生积极思考与交流。

增加论据：科学家分离得到红细胞，经过对红细胞膜成分的化学分析，发现细胞膜的组成成分为脂质（约50%）、蛋白质（约40%）及少量糖类（2%～10%）。

完善主张：生物膜的主要成分是脂质和蛋白质。

论证生物膜成分的过程归纳见图2：

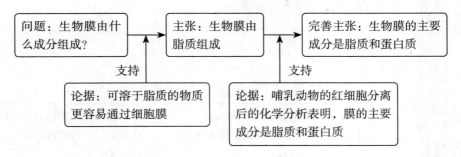

图2　生物膜成分的论证过程

（三）磷脂分子位置的探索论证

承上启下：磷脂分子和蛋白质在生物膜上是如何分布的呢？借此问题引出对磷脂分子和蛋白质位置的讨论。

教师提供资料：PPT展示磷脂的结构组成，明确磷脂分子头部亲水、尾部疏水。

提出问题：磷脂分子如何构成生物膜？此问题难度较大，教师可以引导学生先将其拆解成以下两个问题：

（1）磷脂分子在空气—水界面如何分布？

（2）磷脂分子如何分布才能适应膜内外均是水溶液的条件？

学生分析1：学生根据"头部亲水，尾部疏水"的论据展开讨论，并分小组以作图的形式尝试进行模型建构。

学生分析2：细胞内外都是液体环境，磷脂分子如何排列才能使得亲水头部和疏水尾部各得其所呢？学生进一步以作图的形式尝试进行模型探索和建构，分析模型，交流讨论。

提出主张：学生展示模型图，同时解释模型：磷脂分子分两层排布，亲水头部朝向外侧，疏水尾部位于内侧。

教师展示论据：科学家从哺乳动物成熟红细胞膜中提取脂质分子，铺展成单分子层并置于空气—水的界面，测得单分子层的面积恰为红细胞表面积的2倍。

完善主张：教师PPT展示磷脂双分子层模型，展示平面模型和三维立体模型，可以看出生物膜是连续的两层，即形成磷脂双分子层。

论证磷脂分子位置的过程归纳见图3：

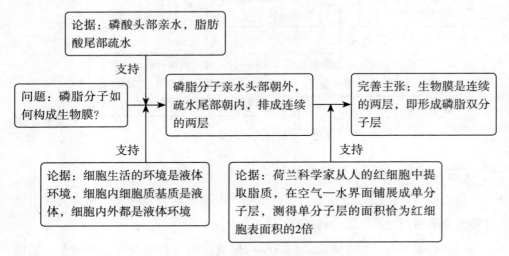

图3　生物膜中磷脂位置的论证过程

（四）蛋白质位置的探索论证

提出问题：蛋白质位于生物膜的什么位置呢？

提供资料：罗伯特森在电镜下看到细胞膜呈现"暗—亮—暗"的三层结构。每一层分别是由什么物质构成的呢？

提出主张：学生进行推测，亮的部分是脂质，暗的部分是蛋白质，形成一个"蛋白质—脂质—蛋白质"的静态结构。

学生质疑：静态结构不能解释众多的生命活动，例如胞吞、胞吐，变形虫运动等现象。

论据1：教师展示资料，科学家发现有的蛋白质不是平铺在脂质表面，而是镶嵌在脂质分子层中。

论据2：教师用PPT展示利用荧光标记蛋白质的方法进行的人鼠细胞融合实验。

完善主张：生物膜上的蛋白质分子有的镶嵌在磷脂分子层表面，有的嵌入或横跨在磷脂双分子层中；蛋白质分子可以运动。

论证蛋白质位置的过程归纳如见图4：

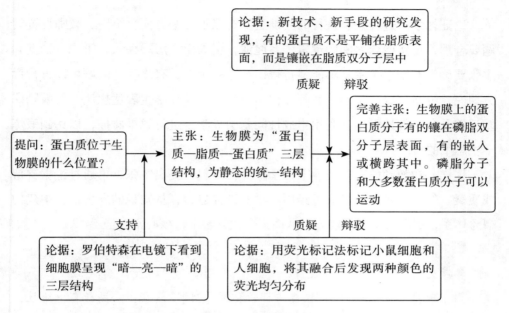

图4　生物膜中蛋白质位置的论证过程

（五）桑格和尼克森的"流动镶嵌模型"

学生分析"流动镶嵌模型"的基本支架以及蛋白质的分布特点，概述"流动镶嵌模型"的基本内容。

学生质疑：细胞膜成分还有糖类，那么糖类又存在于"流动镶嵌模型"的什么位置呢？

教师补充：糖在细胞膜外表与蛋白质结合形成糖蛋白，糖类和脂质分子形成糖脂，它们在细胞间的信息交流过程中承担重要作用。

教师延伸：此模型是否已经非常完善了呢？近来Adam Cohen等科学家在 Cell杂志提出：细胞膜实际上更接近类似果冻的半固体，推翻了关于细胞膜流体性质的论证。资料表明了生物膜的模型还在不断发展中，让学生明白科学探究是永无止境的。

三、结语

论证教学的过程顺利进行的关键主要有以下几个方面：第一，教师设置问题要合理，要将概念之间的逻辑关系厘清，引导学生层层深入；第二，论据和主张要确实有因果关系，不能强行得出结论；第三，有难度的问题可以进行拆分探究，分步完成；第四，教师要留出充足的时间让学生表达想法，要鼓励课堂反馈及时有效地发生，利用生成性问题引导学生进行思维碰撞，以达到锻炼学生思维的目的。

这样，在教师的有效引导下，学生分析资料、提出主张，再通过论据支持或质疑、修正主张，学生通过经历科学的论证过程，从知识的发生过程中建构概念体系，提升科学思维能力，从而提升生物学学科核心素养。

参考文献

［1］教育部考试中心.中国高考评价体系［M］.北京：人民教育出版社，2019.

［2］许桂芬.论证式教学策略在高中生物学教学中的应用——以"生物膜的流动镶嵌模型"教学为例［J］.福建基础教育研究，2014（2）：3.

［3］张飞.运用论证式教学策略培养学生的科学思维［J］.生物学教学，2019，44（7）：3.

基于情境创设教学策略的"细胞呼吸与光合作用原理的应用"教学设计

四川省成都市教育科学研究院附属中学　倪　斌

一、情境创设策略简介

情境创设策略是指教师为达到教学目标而采取的通过创设生动、形象的情境进行教学的一种教学策略，旨在化抽象为具体，让枯燥的教学变得更有趣，不断引导学生参与其中，身处其境并解决情境中的问题。学生在真实情境中解决实际生产和生活问题，有利于不断提升生物学学科核心素养。

二、教学设计案例

（一）确定教学目标

生物学是自然科学中的一门基础学科，是研究生命现象和生命活动规律的科学。本节课为细胞呼吸与光合作用原理的应用，在学习本节内容之前，学生已经学习了细胞呼吸作用与光合作用的基本过程、影响细胞呼吸作用与光合作用的因素。课程标准对这两节内容的要求为：通过对光合作用过程的回顾，说明植物细胞通过叶绿体从太阳光中捕获能量，这些能量在借助二氧化碳和水转变为糖与氧气的过程中，转换并储存为糖分子中的化学能。通过对呼吸作用过程的回顾，说明生物通过细胞呼吸将储存在有机分子中的能量转化为生命活动可以利用的能量。

根据课程标准，为落实生物学学科核心素养，教学目标制定如下：

（1）通过对细胞呼吸作用与光合作用过程及影响因素的回顾，说明细胞呼

吸作用与光合作用过程中能量与物质的变化。（生命观念）

（2）通过分析细胞呼吸作用与光合作用的影响因素，提出大棚蔬菜增产的具体措施，培养学生运用生物学知识解决生产和生活问题的能力。（社会责任）

（3）通过对现实问题的分析，在设计探究使大棚蔬菜增产的最适CO_2浓度的实验中，发展学生的科学思维。（科学思维）

（二）教学实施过程

1. 创设情境，引发学生思考

成都的冬季，由于气候的原因，蔬菜的生长会受到一定影响，为了提高蔬菜的产量，很多蔬菜生产园都利用塑料大棚来种植蔬菜。关于提高大棚蔬菜的产量，你有什么思路吗？

PPT展示大棚蔬菜照片。

设计意图：通过创设情境，让学生联系生活，用已学知识设计解答思路，能想到要让大棚蔬菜增产就涉及细胞呼吸作用和光合作用两个生理过程，有了总体思路后，沿着总体设计思路，开展后续探究，引发学生学习兴趣。

2. 回顾所学知识，完成习题

环节1：细胞呼吸作用与光合作用过程的回顾

过渡：大家所设计的总体思路中，都考虑到了两个生理过程，即细胞呼吸作用和光合作用，那现在我们就来回顾一下这两个生理过程。

PPT展示细胞呼吸作用与光合作用过程习题，见图1。

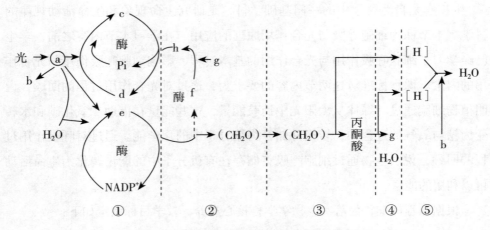

图1　细胞呼吸作用与光合作用过程习题图

（1）图中a～h分别代表了什么物质？

（2）①～⑤所示的生理过程及场所分别是什么？

设计意图：以所学知识为基础，通过习题形式回顾知识，达到熟能生巧的目的，并将知识融会贯通，思考两个生理过程的联系。

环节2：影响细胞呼吸作用与光合作用的因素的回顾

提问：影响细胞呼吸作用和光合作用的因素有哪些呢？迅速回忆一下，并且完成细胞呼吸速率随温度的变化、光合作用强度随光照强度的变化曲线。

设计意图：以所学知识为载体，培养学生归纳与概括的能力，并将影响因素转化为数学模型。

3. 对大棚蔬菜增产提出建议

提问：根据所回顾的细胞呼吸作用与光合作用的过程及其影响因素，结合实际情况，请给出你对促进大棚蔬菜增产的建议，可以分情况归纳，可以进行小组讨论。

教师抽取学生回答问题，回答时引导学生归纳所提建议属于抑制呼吸作用、增强光合作用，还是二者兼具。

设计意图：引导学生运用所学生物学知识，在真实情境下，解决实际生产生活问题，同时培养学生分类归纳的能力。

4. 设计实验探究大棚蔬菜增产的最适CO_2浓度

过渡：既然我们有这么多增产的措施，那应该如何设计实验来探究大棚蔬菜增产的最适CO_2浓度呢？

设计意图：让学生深刻理解CO_2饱和点的含义，开展这一实验，有利于发展学生的科学思维，对实际生产和生活也有借鉴意义。通过探究，做到保证蔬菜产量最大的同时，投入要最少。

三、教学反思

真实的情境创设能激起学生的学习兴趣，对知识的快速回顾提高了学生的课堂专注度，在思考促进大棚蔬菜增产的具体措施的过程中，分小组讨论，学生的参与度很高，能从不同角度思考问题，但当问及具体的实际做法时，比如施有机肥与施无机肥的区别，部分学生显得有点迟疑，同时，在最后的实验设计环节，学生对CO_2饱和点的描述总是不够准确。说明在影响光合作用的因素部分应当多加以强调。

总而言之，在课堂中设置真实的情境，能充分调动学生积极参与、融入课堂，主动去解决情境中所设置的问题，为提升学生的生物学学科核心素养打下良好基础。

参考文献

[1] 蔚甜.高中生物教学思维情境创设策略分析［J］.考试周刊，2021（13）：133–134.

[2] 中华人民共和国教育部.普通高中生物学课程标准（2017年版2020年修订）［M］.北京：人民教育出版社，2020.

[3] 李光琴.初中生物问题情境创设策略研究［J］.魅力中国，2020（33）：259.

基于科学史的论证式教学设计

——以"DNA的结构"为例

四川省成都市玉林中学　吕 茜

一、教学分析和设计思路

本节教学内容选自人教版必修2《遗传与进化》第3章第2节，《普通高中生物学课程标准（2017年版2020年修订）》明确指出其对应的次位概念为：概述DNA分子由四种脱氧核苷酸构成，通常由两条碱基互补配对的反向平行长链形成双螺旋结构。结合上位的重要概念和大概念（见图1），进一步确定了如下课时目标：学生通过掌握DNA分子的结构进而理解遗传信息的本质。教材中的科学史和模型制作活动为学生全面理解DNA分子结构的来龙去脉以及发展科学思维提供了良好的教学资源和思路，明晰DNA分子的结构也为理解DNA复制、基因的表达奠定了基础。从知识和能力角度分析，学生的学习难点主要包括以下几点：①DNA分子结构属于抽象的微观结构，学生难以理解其内涵。②高一学生没有有机化学的基础知识，难以理解有机大分子的结构。③DNA分子结构涉及多个学科内容，难度较大。

针对学生的认知和思维障碍，结合发展学生学科核心素养的教学要求，本节课使用"论证式教学"的方法主导教学过程的推进。以包含证据（evidence）、推理（reasoning）和主张（claim）三个核心要素，同时融入"补充或修正"所形成的"CER"复合模型（见图2）为本节课的科学论证模型，在合理拓展科学史资料的基础上，以问题链为主脉络，引导学生通过科学论证层层深入，逐步解决DNA分子结构探索过程中的诸多问题：DNA分子的基本单位是什么？DNA中的脱氧核苷酸如何相连？如何确定DNA中的脱氧核苷酸链的数量？如何确定脱氧核苷酸链之间的连接方式？以"模型建构"为手段，通过建构"DNA基本单位—脱氧核苷酸长链—DNA分子的平面结构—DNA双螺旋结构"等自下而上的物理模型将抽象的DNA分子具象化，促进学生准确理解DNA分子的结构特点以及遗传信息的本质。

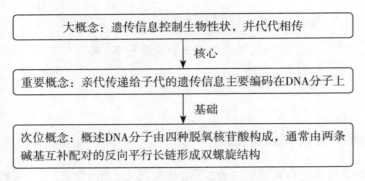

图1 "DNA的结构"相关概念体系

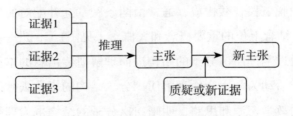

图2 以"CER"模型为基础的复合论证模型

二、教学目标

（1）通过分析科学史资料，运用科学论证的方法，全面认识DNA分子的双螺旋结构，促进"结构与功能相适应"的生命观念进一步形成，发展质疑、实证等科学思维能力。

（2）运用"模型建构"的方法建构DNA分子的物理模型，深入认识DNA分子的双螺旋结构，发展"模型与建模"的科学思维能力。

（3）通过分析DNA双螺旋结构模型，准确掌握DNA分子的结构特点，理解遗传信息的本质，奠定"信息观"基础。

三、教学过程

（一）温故启新，奠定科学论证的基础

教师以"打拐"DNA信息库的建立为情境，指向对遗传信息本质的思考和探索，再以"结构与功能相适应"的观点引出对DNA分子结构的探究。

教师通过列举"有丝分裂中亲子代细胞形态、结构基本相同"和"自然界生物形态结构多种多样"等事实，引导学生认识遗传物质具有稳定性和多样性的特点，为开展科学论证奠定思维基础。再回顾脱氧核苷酸的结构，为学生探究DNA分子的结构奠定知识基础。学生利用软磁片、双面胶等材料分小组完成脱氧核苷酸模型的制作（见图3），为后续探究搭建思维载体。

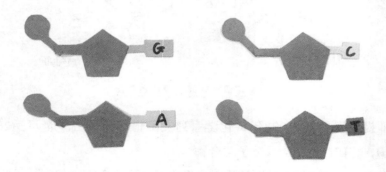

图3　脱氧核苷酸模型

设计意图：通过真实情境的创设，激发学生的学习兴趣；同时通过引导学生认识遗传物质的稳定性和多样性以及回顾脱氧核苷酸的结构并制作模型等活动，奠定科学论证和探究活动的知识和思维基础。

（二）以"史"论证，探究DNA分子的结构

1. 论证脱氧核苷酸连接方式

教师提问：DNA中含有多少脱氧核苷酸呢？DNA中的脱氧核苷酸又如何相连？

教师提供资料1：20世纪20年代，化学家列文提出了"四核苷酸"假说（见图4）。引导学生评价模型："四核苷酸"结构不满足遗传物质的多样性。

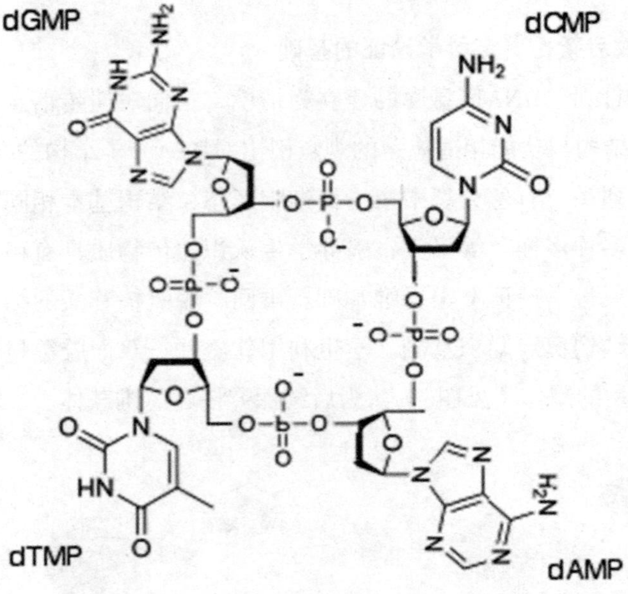

图4 "四核苷酸"假说示意图

教师提供资料2：1938年，化学家列文测得DNA的分子量可达200000～1000000D，将DNA确定为大分子化合物。

学生质疑："四核苷酸"结构无法形成大分子化合物。

教师展示列文的修正模型：以"四核苷酸"为单位的聚合结构。

学生分析：修正模型仍不能满足遗传物质的多样性。

教师提供资料3：1951年，化学家托德认为核苷酸之间通过磷酸二酯键进行连接。

学生分析资料，建构模型：学生分小组进行脱氧核苷酸链状结构的模型建构（见图5），随后生生互评以及纠错。

学生总结：DNA是由4种脱氧核苷酸形成的呈链状结构的大分子化合物。

设计意图：本环节通过补充"四核苷酸"假说和"磷酸二酯键"的发现过程，帮助学生全面了解"脱氧核苷酸连接方式"核心问题的探索、质疑和修正经过，同时体会求实创新的科学精神，为后续探索奠定基础。

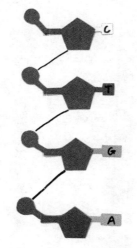

图5　脱氧核苷酸长链模型

2. 论证DNA中脱氧核苷酸链的数量

教师提问：DNA中有几条脱氧核苷酸链呢？

教师提供资料4：1938年，科学家由DNA的密度推算出DNA的链数不少于2、不多于4。

教师提供资料5：物理学家威尔金斯对DNA分子分析得到：每个DNA结构单位有22个脱氧核苷酸，每条链上有11个脱氧核苷酸。

学生总结：DNA分子是由两条脱氧核苷酸长链构成的。

设计意图：通过补充科学史资料，以具体数据论证双链结构的合理性，强化知识的获得过程。

3. 论证DNA分子中两条脱氧核苷酸长链的连接方式

教师陈述：沃森和克里克受到威尔金斯的研究结果启发，开始建构DNA双链结构模型。同学们也可以尝试搭建DNA分子的结构模型。教师引导学生将首要问题聚焦在："双链的位置关系如何？"

学生分组进行模型建构，呈现出以下几种连接方式："碱基-碱基""碱基-磷酸"和"磷酸-磷酸"。

教师提供资料：磷酸和脱氧核糖亲水，碱基疏水。学生联系"DNA存在于水溶液中"的事实进行论证，形成共识：双链为"碱基-碱基"，即碱基在内侧，脱氧核糖和磷酸在外侧（见图6）。学生完成模型修正。

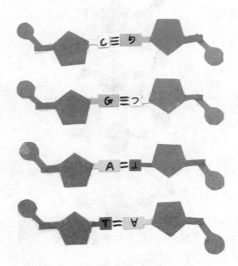

图6　DNA双链平面模型

　　然后，教师展示多个DNA双链片段，学生观察模型间的差异，对碱基连接方式进行讨论：双链碱基是同型相连（如A–A）还是异型相连（如A–T、A–G等）？

　　教师通过碱基结构等事实引导学生认识"双链碱基连接必然存在某种规律以支持DNA分子结构的稳定"，并说明科学实验分为定性实验和定量实验，启发学生提出测定DNA的碱基含量以明确碱基连接方式的研究思路。

　　教师提供资料6：数学家格里菲斯发现：腺嘌呤吸引胸腺嘧啶，鸟嘌呤吸引胞嘧啶，相互吸引的碱基边缘相接。生化学家查戈夫通过实验发现腺嘌呤与胸腺嘧啶含量相等，鸟嘌呤与胞嘧啶含量相等。

　　学生总结：A与T配对，G与C配对（即碱基互补配对原则）。

　　教师展示碱基对的结构式，明确碱基对之间存在氢键，并引导学生观察碱基对的长度相等从而使学生理解DNA双链呈平行关系。

　　学生分组建构DNA双链平面结构模型，并进行组间互评，学生发现存在正向和反向平行两种模型，从而产生质疑。

　　教师补充资料7：科学家佩鲁兹通过对DNA进行晶体分析，提出了DNA双链为相反方向。

学生修正、完成DNA双链平面结构的模型制作。

教师提问：DNA只有平面结构吗？

教师展示资料8：1951年，沃森和克里克以DNA衍射图谱的数据为基础，推算出DNA呈螺旋结构。

教师展示DNA双螺旋的立体结构模型。

提问：此DNA双螺旋模型被认定为科学事实了吗？

学生讨论提出双螺旋模型还未经过验证。教师引导学生思考验证模型合理性的方法，鼓励学生发散思维。

最后，教师提供资料9：威尔金斯详细分析了沃森、克里克的双螺旋模型与DNA的X衍射数据之间的对应关系，证明了DNA双螺旋结构的合理性。

设计意图：通过合理补充科学史，引导学生结合物理模型对双链中碱基分布位置、碱基连接方式等关键问题进行论证，同时加入模型验证环节，以此加深学生对DNA结构的认识和对科学探索精神的感悟，强化逻辑完整在科学论证过程中的重要性。

（三）由"表"及里，揭示遗传信息的本质

教师首先引导学生用表格归纳"DNA分子的结构要点"。

接下来引导学生比较不同DNA分子的片段，寻找DNA双链中的"变与不变"，归纳DNA的结构特性（见表1），明确遗传信息的本质。

表1　DNA分子的结构特性

（基本骨架和碱基配对）不可变	①脱氧核糖和磷酸交替连接方式不变	→稳定性
	②碱基互补配对方式不变	
（碱基序列）可变	碱基对的排列顺序千变万化	→多样性
	每个DNA分子都有其独特的碱基对排列顺序，蕴藏着每个DNA分子所携带的遗传信息	→特异性

学生总结：遗传信息就蕴藏在DNA分子碱基对的排列顺序中。

设计意图：通过对DNA分子中"变"和"不变"的结构进行比较和分析，明确DNA的结构特点决定了其功能特性——"稳定性、多样性和特异性"，揭

示遗传信息的本质，帮助学生形成"结构与功能观""信息观"等生命观念。

四、教学反思

（一）合理利用科学史进行"论证式"教学，发展学生的科学思维

本节内容涉及的科学史极为丰富，并且涉及生物、物理和化学等多学科的交叉融合，因此需要对科学史料进行精心的选择和适度的加工，以符合高一学生的思维特点和认知水平，力求在不增加思维障碍点的情况下进行科学论证。通过科学论证使每一个结论都有证据支撑，在此过程中，学生既能学习科学探究的方法，提升科学思维能力；又能感悟求真、创新、务实的科学精神，提升科学素养。

（二）利用"模型建构"教学，为科学论证提供载体

学生在课堂上表现出了对模型建构活动的极大兴趣，通过小组合作、讨论的方式建构DNA双链的物理模型使抽象的内容具象化，既能加深理解，也能够促进思考，为进行科学论证提供了良好的思维载体。同时也能使学生认识到"模型与建模"是科学探究中的重要思维方法。

基于科学思维培养的论证式教学设计

——以"基因在染色体上"为例

四川省成都市郫都区嘉祥外国语学校　谢　婷

一、教学分析及教学思路

（一）教材分析

"基因在染色体上"是人教版高中生物学教材必修2《遗传与进化》第2章第2节内容。其教学顺序为：提出假说—实验证明—提供证据—迁移应用。本节内容上承孟德尔分离定律及减数分裂内容，下启伴性遗传相关知识。学习本节内容，既有助于学生理解基因的本质，又能培养学生运用演绎与推理的科学思维方法解决问题的能力。

（二）学情分析

学习本节内容之前，学生已经学习了孟德尔遗传定律中基因的行为和减数分裂中染色体的行为等相关背景知识。学生对于假说—演绎法已有一定了解，但还不能灵活运用。利用假说—演绎法还原摩尔根果蝇杂交实验的探究历程对学生来说难度稍高，因此需要教师对其进行引导。

（三）教学思路

论证式教学一般包括以下步骤：提出问题、搜集资料、寻找证据、提出主张、质疑反驳和确认主张。学生能在论证过程中体验评价资料、提出主张、质疑辩驳主张等过程。其论证模型如图1所示。

高中生物学新课程标准指出，要让学生养成科学思维的习惯，能够运用已有的生物学知识、证据和逻辑对生物学科学议题展开论证。这也启发教师要通过提升学生的论证能力来培养其科学思维，让学生经历由证据到主张的推理过程。本节课的设计依照论证式教学的基本步骤，从演绎与推理角度展开论证，以此达成对学生科学思维的培养。

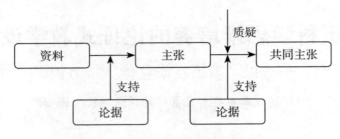

图1　张雪虹等理解的论证模型

二、教学目标

（1）结合减数分裂过程与基因的功能特点，认同基因在染色体上，形成结构与功能观。（生命观念）

（2）通过基因和染色体的相关事实，运用归纳与概括、演绎与推理等科学思维，阐明基因在染色体上，进一步掌握以假说—演绎法为基础的科学论证方法。（科学思维、科学探究）

（3）通过摩尔根由质疑者转变为坚定支持者的科学史的学习，认同科学研究需要"质疑—探索—求真"的科学精神。（社会责任）

三、教学过程

（一）故事导入，激发学习兴趣

教师叙述摩尔根自嘲的小故事：有人曾自嘲说，他做的实验可以分为三类：第一类是愚蠢的实验，第二类是蠢得要命的实验，还有一类是比第二类实验更蠢的实验。在他以前的家谱中唯独没有出现过科学家。如果用现在的遗传学术语来表述，他在家族中算得上是"突变"产物。这个人是谁呢？他就是摩尔根，一个敢于质疑，并一直践行"一切通过实验"原则的伟大科学家。

设计意图：通过摩尔根的故事，启迪学生积极阅读教材相关内容，激发学生的探究欲望，使学生能够紧跟教师接下来的思路。

（二）创设问题情境，形成初步主张

在学生完成如图2所示课前导学案的基础上展开教学。

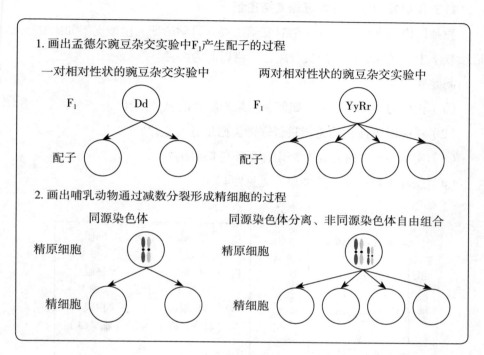

图2　课前导学案内容

教师提问：

（1）基因与染色体有哪些相似之处？

（2）基因与染色体之间行为的高度一致性，能否说明基因就是染色体？

（3）萨顿的假说内容是什么？

（4）如何运用萨顿的假说内容解释孟德尔"一对相对性状的豌豆杂交实验"？

（5）萨顿提出的假说一定正确吗？如何通过实验进行检验？

学生针对以上5个问题，从人教版高中生物必修二第27～28页中收集资料，形成初步主张：基因在染色体上。

设计意图：利用导学案将学生引入学习情境，使学生在图2的分析过程中直观体会基因与染色体行为的一致性，再现萨顿提出假说的思维过程。学生在直观经验的基础上理解假说内容，可以降低理解知识的难度，保持学习热情。

（三）思考探索，体验科学论证的基本步骤

1. 支架启发教学，寻找证据支持主张

教师以模型支架和问题支架启发学生展开科学论证。模型支架如图3所示，后续教学中"还原摩尔根的实验路径"将以此为参考。

问题支架：

（1）由F_1均为红眼果蝇，如何分析果蝇眼色的显、隐性？

（2）果蝇眼色性状的遗传是否遵循孟德尔分离定律？

（3）实验中哪些现象是分离定律所不能解释的？

（4）怎样解释这种遗传现象？（见图4）

图3　假说—演绎法模式图

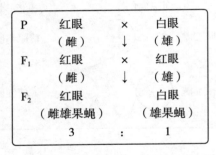

图4　摩尔根杂交实验正交遗传图解

学生提出问题：为什么白眼性状总是与性别有关？结合萨顿的假说"基因在染色体上"，提出主张：白眼基因在性染色体上。

2. 引导科学论证，演绎、推理、质疑主张

引导学生思考：若白眼基因在性染色体上，则可能有几种情况？学生可能作出3种假设。假设1：控制白眼的基因在Y染色体上，而X染色体上没有它的等位基因；假设2：控制白眼的基因在X染色体上，而Y染色体上没有它的等位基因；假设3：控制白眼的基因在X、Y染色体上。接着呈现资料：在当时的时代背景下，摩尔根并不知道果蝇有Y染色体，引导学生继续思考：那么摩尔根提出的假说最有可能是哪一种？

学生作出假设：控制白眼的基因（w）在X染色体上，而Y染色体不含有其等位基因。学生借助学案（见图5）进行推理论证，并提出质疑：白眼基因真的位于性染色体上吗？如果是真的，如何验证？遗传图解中P为X^WX^W（红雌）X^wY（白雄），通过两代杂交后的F_2为X^WX^W（红雌）：X^WX^w（红雌）：X^WY（红雄）：X^wY（白雄）=1：1：1：1。

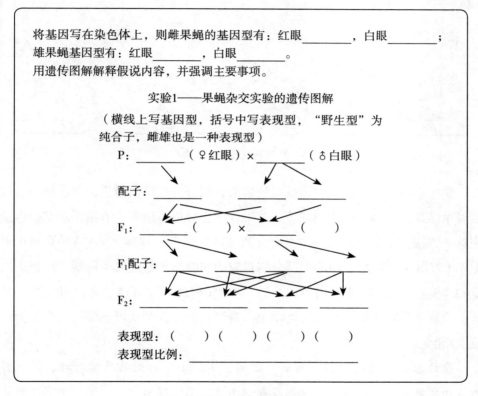

将基因写在染色体上，则雌果蝇的基因型有：红眼_____，白眼_____；
雄果蝇基因型有：红眼_____，白眼_____。
用遗传图解解释假说内容，并强调主要事项。

实验1——果蝇杂交实验的遗传图解

（横线上写基因型，括号中写表现型，"野生型"为
纯合子，雌雄也是一种表现型）

P：_____（♀红眼）×_____（♂白眼）

配子：_____　_____　_____

F_1：_____（　　）×_____（　　）

F_1配子：_____

F_2：_____

表现型：（　　）（　　）（　　）（　　）
表现型比例：_____

图5　科学论证相关学案内容1

设计意图：将难度较大的任务划分为若干阶梯性的小任务，再按照假说—演绎法的思维过程将这些小任务串联起来，引导学生在严密逻辑线中逐层递进、由易到难地进行探索。

3. 组织小组评价，交流讨论完善主张和认可主张

假设2很好地解释了实验现象，那么假设2"控制白眼的基因（w）在X染色体上，而Y染色体不含有其等位基因"是否成立？结合学案内容（见图6），引导学生设计实验进行验证。

图6 科学论证相关学案内容2

画出你构思的测交实验的遗传图解

实验2——测交实验　｜　实验3——测交实验

P: _____（　　）×_____（　　）　｜　P: _____（　　）×_____（　　）

配子：　｜　配子：

F_1：　｜　F_1：

表现型：　｜　表现型：

表现型比例：　｜　表现型比例：

学生小组讨论，交流自主探索的结果，综合分析得出结论，并选择小组代表展示结果。教师组织小组互评，并带领学生分析各组实验方案，总结得出最完善的方案。实验2和实验3的测交类型可以为X^WX^w（红雌）×X^wY（白雄）和X^WY（红雄）×X^wX^w（白雌），分别对应的实验结果是红雌：白雌：红雄：白雄=1：1：1：1和红雌：白雄=1：1，两组实验的顺序可换。通过以上实验验证，呈现摩尔根实际的测交实验结果，最终完善主张和认可主张：白眼基因仅位于X染色体上。

设计意图：通过组内不同成员之间、不同小组之间的思维碰撞、取长补短，加之教师引导，帮助学生完成知识构建，总结得出合理方案，达成思维训练的目的。

（四）结课：拓展提升责任担当

通过视频展示摩尔根的其他研究和成就，倡导敢于质疑的态度和勤于实践的精神，启发学生学习过程中也要勤学好问、努力耕耘。

设计意图：以伟大人物的事迹进行榜样教育，和开篇首尾呼应。

板书设计（见图7）：

事实：基因与染色体行为一致   提出

↓推测   实验1→问题：白眼伴性遗传?

假说（推论）：基因在染色体上   （正交）

↓↑   ↓

证据：摩尔根果蝇杂交实验   假设：白眼基因仅位于X染色体上

↓得出

实验2→F_1红眼雌果蝇为杂合子

（测交）   支持

↓得出

实验3→F_1红眼雌果蝇为杂合子

（反交）

图7 基因在染色体上的板书设计

四、教学反思

本节设计在适度拓展课本内容的同时，还原了科学史，为学生搭建了思维平台。从摩尔根对孟德尔定律普适性和萨顿假说的怀疑出发，怀着好奇探索的心情，还原了摩尔根杂交（正交）实验，观察现象后提出问题、作出假设，再有针对性地进行测交和反交实验，证明了白眼基因在性染色体上。学生亲历了"假说—探究—领悟—认同"的思维训练过程。教师尤其重视"提出猜想与假设"与"设计实验并验证"两个环节，着眼于学生思维品质的提升。教学过程以学生已有知识和能力为基础，搭建起恰当高度的支架，顺应学生认知发展，落实训练科学思维的目标，达成新课标的要求。

论证式教学不仅关注实验的结果和最后的主张，还关注论证的质量和过程，对学生科学思维能力的发展起到了推动作用。结合本节课的教学设计和论证式教学的理论知识，对论证式教学模式进行了总结（见图8）。

以上只是初步的尝试，论证式教学不一定适用于高中生物学的所有教学内容，对此，还有待于进一步的探索和尝试。

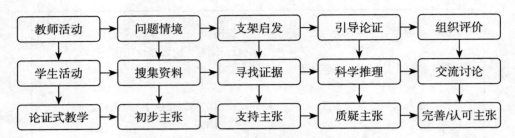

图8 基于科学思维培养的论证式教学模式

基于科学思维发展的复习课论证式教学

——以"神经调节与体液调节的关系"一节为例

四川省成都市第四十九中学校　牟如林

一、教学分析和思路设计

神经调节与体液调节均能实现机体稳态，在新课学习后，学生对神经调节、体液调节已有初步认识，但对两者如何相互协调、共同维持机体的稳态的理解还不够深入。人教版高中生物选择性必修1第3章第3节中，以体温调节和水盐平衡调节过程为例，帮助学生深入理解两者的关系。学生对概念的学习往往采用死记硬背的方式，缺少对科学思维能力的锻炼。

对于课堂教学中学生科学思维的培养，教师可以通过论证式教学来实现。论证式教学是将科学领域的论证引入课堂，使学生经历类似科学家的论证过程，逐步建构科学概念并理解科学本质，从而促进思维发展的教学模式。现今的科学教育中，最常用的论证模式是由Toulmin在1958年所提出的TAP模式，即旁路模式（见图1）。

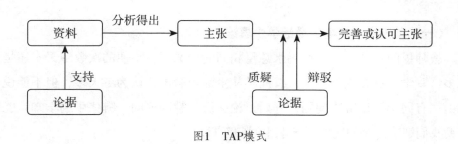

图1　TAP模式

论证式教学在新授课中的研究和应用已经比较广泛，相比而言，传统复习课常常采用罗列知识考点、归纳易错点，再运用"题海战术"巩固的教学模式。这种模式，忽略了对学生思维的培养，不利于学生学科素养的形成。教学时采用论证式复习策略，将学生已有概念作为论证的起点，可为教学过程提供论据，学生通过推理、质疑和辩驳，完善对概念的理解，提升思维水平。

因此，本节复习课以生活情境"与夏天相比，冬天小便次数更多"引入话题，激活学生思维，学生通过复习体温调节和水盐平衡调节过程，回忆旧知，为论证式教学提供"资料"。接着教师展开论证教学，通过引导学生画概念图，使学生深入理解神经调节的内涵。通过复习体液调节，学生得出"机体稳态是依靠神经调节和体液调节实现的"这一主张并进行质疑，教师提供资料引导学生认可主张，形成概念。最后教师创设试题情境，引导学生应用论证思维，解决真实问题，巩固概念，发展思维。

二、教学目标

（1）通过"画概念图"活动，阐述神经调节的过程，深化学生对神经调节的理解，提高归纳与概括能力。

（2）应用神经调节的判断方法，质疑炎热环境是否存在神经调节，结合体液调节概念，通过论证，认同神经调节和体液调节共同实现机体稳态，培养学生的批判性思维。

（3）应用论证式思维方法，解决真实情境中的问题，培养学生归纳与概括、演绎与推理的能力。

三、教学过程

（一）创设生活情境，激活学生思维

教师提问："同一人在喝水总量相同的情况下，小便的次数冬天多还是夏天多？"学生展开激烈讨论，有同学从生活经验出发认为冬天多，但不能说出理由；有同学尝试解决问题，开始讨论交流。教师追问：哪些生物学知识能够帮助我们解决这个问题？引导学生回归教材。

设计意图：通过创设生活情境，激发学生求知欲，激活学生思维，活跃课

堂氛围。

（二）完善概念模型，复习基础知识

承接上文，引导学生回忆体温调节和水盐平衡调节过程，梳理旧知，完成活动。

活动一：阅读教材第32页，独立完成体温调节概念图（见图2）与水盐平衡调节概念图（见图3）。

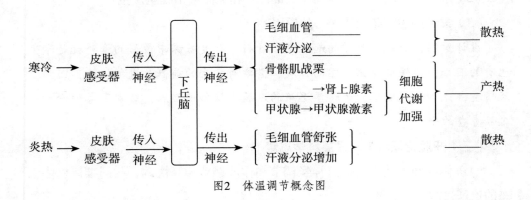

图2　体温调节概念图

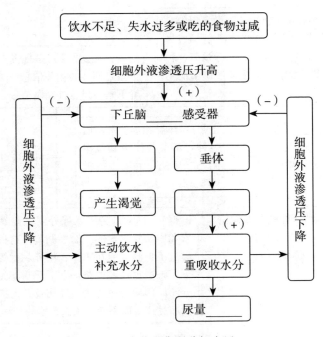

图3　水盐平衡调节概念图

设计意图：教师引导学生回归教材，完善概念图，唤醒体温调节和水盐平衡调节的旧知，避免重复讲授和生硬的知识过渡，同时，渗透生物学科学习方法。教师通过设置易混易错的问题，评价学生的复习效果。

活动二：完善概念图后，思考与讨论以下问题：

（1）人体产热的主要途径是什么？温度感受器分布在什么部位？体温感觉中枢在哪里？体温调节中枢在哪里？

（2）水盐平衡的调节中枢在什么部位？相关激素由哪里产生？

（3）尝试阐述"冬天尿多"的原因。

设计意图：论证式教学的起点是"资料"，复习课中最好的资料就是学生已有的旧知，为保证论证教学的开展，需要对学生的前概念进行梳理，回归生活情境，完善概念模型，为科学思维的发展提供知识锚点，落实高考评价对基础性考查的要求。

（三）开展论证教学，发展科学思维

（1）体温和水盐平衡通过神经调节和体液调节相互协调，共同维持机体稳态的论证过程。（见图4）

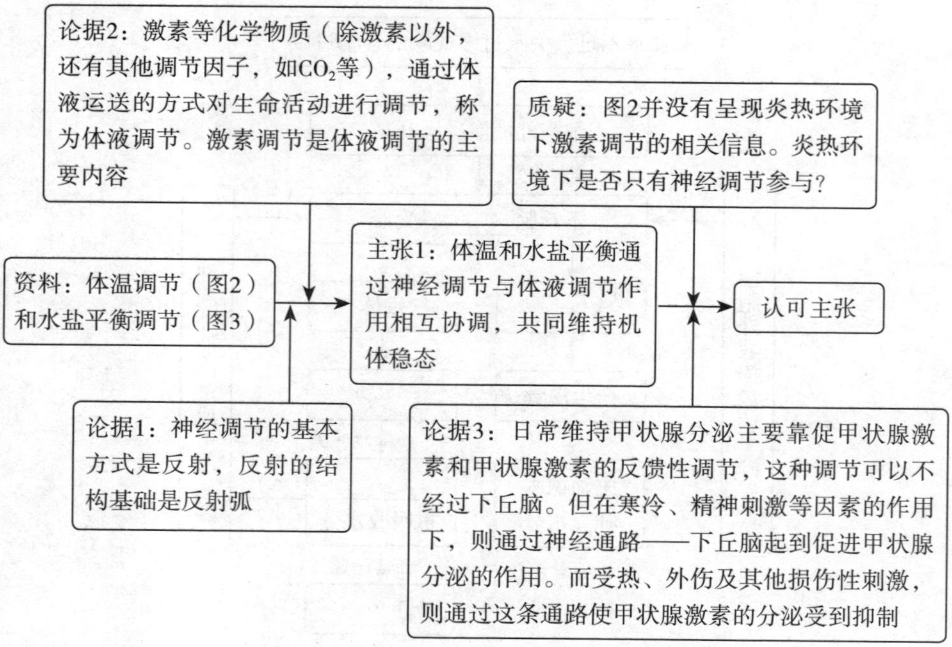

论据2：激素等化学物质（除激素以外，还有其他调节因子，如CO_2等），通过体液运送的方式对生命活动进行调节，称为体液调节。激素调节是体液调节的主要内容

质疑：图2并没有呈现炎热环境下激素调节的相关信息。炎热环境下是否只有神经调节参与？

资料：体温调节（图2）和水盐平衡调节（图3）

主张1：体温和水盐平衡通过神经调节与体液调节作用相互协调，共同维持机体稳态

认可主张

论据1：神经调节的基本方式是反射，反射的结构基础是反射弧

论据3：日常维持甲状腺分泌主要靠促甲状腺激素和甲状腺激素的反馈性调节，这种调节可以不经过下丘脑。但在寒冷、精神刺激等因素的作用下，则通过神经通路——下丘脑起到促进甲状腺分泌的作用。而受热、外伤及其他损伤性刺激，则通过这条通路使甲状腺激素的分泌受到抑制

图4 "体温和水盐平衡"的论证式教学过程

为深化学生对神经调节的理解，提高学生归纳与概括的能力，在提出论据1后，设置学生活动三：画出图2、图3过程中神经调节的反射弧，阐释神经调节的过程。通过生生评价、师生评价，引导学生得出主张1。同时，基于该推理过程，学生更容易质疑：炎热环境下是否只有神经调节的参与？教师提供论据3，使学生认可主张1。

（2）应用论证思维，解决真实问题，巩固概念学习，获得及时反馈。

试题情境：当我们从温暖的房间走到寒冷的室外时，机体散热速率变化曲线如图5所示。下列说法中正确的是（　　　　）

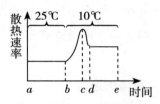

图5　机体散热速率变化曲线

A. $a \sim b$ 段的散热量少于产热量

B. $b \sim c$ 段散热加快是由于汗液分泌增加

C. $c \sim d$ 段皮肤毛细血管逐渐舒张

D. $d \sim e$ 段的产热速率大于 $a \sim b$ 段，但体温与 $a \sim b$ 段相等

要求学生从题干信息（资料）出发，运用体温调节的相关知识（论据），推理出正确的主张，并得出结论。解析论证过程见图6。

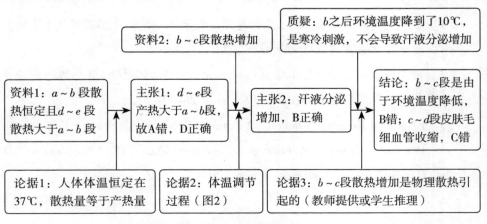

图6　"体温和水盐平衡"的论证过程

设计意图：教师提供的散热论据（包括物理性散热）能帮助学生作出正确判断，在论证解题的过程中，提升了学生基于生物学事实和证据运用归纳与概括、演绎与推理和批判性思维解决问题的能力。

四、教学反思

（一）提高课堂效率，展现学生思维

复习课容量大、任务重，论证式教学中的资料一般源于教材、题干等，学生在分析资料、寻找证据的过程中，不仅复习了知识，还提高了获取和整合信息的能力。学生经过论证过程，结合小组讨论和评价，个性化地突破知识盲区，使自身的沟通交流能力和批判性思维均获得了发展，进而使课堂效率得到了提升。

（二）建构核心概念，实现概念进阶

论证的本质就是利用证据，推理、质疑、形成主张的过程。通过分析和讨论，完善了学生对生物学概念的理解。如以上论证过程，只有深入理解神经调节和体液调节的概念，结合体温调节和水盐平衡调节过程，才能理解神经调节与体液调节都是实现机体稳态的重要机制，该过程实现了对各级概念由浅入深、由表及里的理解，同时厘清了各概念之间的内在联系，能够使学生形成正确的生命观念，有助于提高学生的生物学学科核心素养。

参考文献

［1］中华人民共和国教育部.义务教育生物学课程标准（2022年版）［M］.北京：北京师范大学出版社，2022.

［2］杨文源，刘恩山.为了理解的教学设计：从指向核心概念的问题开始［J］.生物学通报，2014，49（1）：28-33.

［3］I National Research Couneil. A Framework for K–12 Science Education：Practices. Crosscutting Concepts， and Core Ideas［D］.Washington： D. C. The National Academies Press， 2011.

利用论证式教学建构生物学概念

——以"激素调节"为例

成都高新新科学校　徐学菊

　　新的生物学课程标准以培养学生的核心素养为宗旨，内容聚焦"少而精"的大概念。生物学大概念的形成和内化，是形成生命观念的基础。论证式教学使概念的建构过程更具有逻辑性，有助于加深学生对概念的理解。下面以北师大版生物七年级下册"人体的自我调节"中的最后一节"激素调节"为例，说明论证式教学在生物学概念建构中的应用。

　　论证式教学一般分为三个阶段，即论证证据、论证逻辑和论证命题。科学论证是指以证据为基础提出自己的主张，并通过推理过程使主张和证据之间建立合乎逻辑的关系。教师综合运用多种教学策略，引导学生针对问题提出观点、寻找证据、批判质疑、推理反驳。在此过程中，学生的论证能力在教师的有效教学干预下伴随着概念建构的过程而逐步提升，对提高学生的科学思维能力、促进学生的终身发展意义重大。

一、教材分析及思路设计

　　《激素调节》是北师大版生物学七年级下册"人体的自我调节"中的最后一节内容。本节涉及的重要概念是"人体在受神经调节的同时，在生长、发育、生殖、代谢等许多方面受内分泌系统的激素调节"。次位概念是内分泌系统由内分泌腺组成，内分泌腺分泌激素参与激素调节。下位概念是内分泌腺、生长激素调节实例、性激素调节实例、甲状腺激素调节实例和胰岛素调节实例。激素调节概念图见图1：

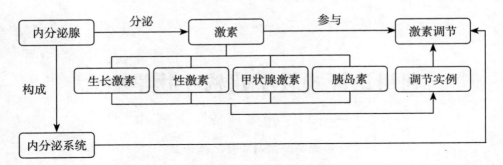

图1　激素调节概念图

二、教学目标

（1）通过了解、探讨激素对人体作用的基础知识，阐释生命现象和规律，建立稳态与平衡观，渗透生命观念。

（2）通过分析材料，逐渐提高自主思维能力，形成分析、概括和归纳等科学思维。

（3）通过小组讨论、交流，培养团队协作精神。通过理论联系生活实际，参与社会事务的讨论，作出理性解释和判断，并尝试解决生产和生活中的问题，加强社会责任意识。

三、教学过程

（一）创设情境，引入概念

展示医院生长激素检查单。设问：①由检查单我们看到血液中有生长激素这种物质，生长激素在血液中的含量是多还是少？并说明理由。②血液中的生长激素从哪里来？

展示垂体在人体的分布图、垂体放大图和垂体分泌生长激素的资料。垂体无导管，它分泌的生长激素通过毛细血管进入血液，随血液循环可以运输到全身各处。

总结：像垂体这样无导管，其分泌物（生长激素）可以进入毛细血管，随血液循环送到全身各处的腺体，称为内分泌腺。请你判断唾液腺是不是内分泌腺，并说明原因。人体还有哪些内分泌腺？展示人体内分泌腺分布图，引出内分泌系统的概念。

设计意图：由于学生在生活中对人体激素的了解非常少，理解起来也很难，所以在创设情境时就选用了血液中生长激素检查单的资料，为学生进行科学论证提供了证据。首先生长激素检查单既能体现激素在人的身体里真实存在，也能引起学生的好奇心，进而顺利导入新课。其次通过分析生长激素的来源，归纳概括出内分泌腺和内分泌系统的概念。这是一个论证过程，在问题的引导下，学生提出自己的观点，并寻找资料提供支持，最后通过解释完成论证，归纳总结和演绎建构内分泌腺和内分泌系统的概念。

（二）实例分析，建构概念

展示侏儒症的图文资料和侏儒症患者的生长激素检查单。设问：

（1）侏儒症的病因是什么？

（2）分析资料，推测生长激素在人体中的作用。

（3）在未成年之前，侏儒症如何治疗？

（4）如果生长激素分泌过多，对人体有什么影响？

学生通过分析资料，总结出生长激素的作用。认识到生长激素含量有一个正常范围，超过这个范围，就可能对人体造成不良的影响。说明生长激素虽然含量极少，但作用显著。总结：像生长激素这样，由内分泌腺分泌的具有重要调节作用的物质，叫作激素。

设计意图：激素这个概念中有两个关键词——内分泌腺分泌和调节作用，这两个关键词说明了生长激素的来源和作用。教学中先通过科学论证，使学生从逻辑上认识这两个关键词，对概念的建构起了突破的作用。学生在学习生长激素的作用时，对侏儒症的病因进行分析，通过分析资料，解释病因，得出生长激素的作用。学生对生长激素的来源和作用的科学论证，为激素概念的建构奠定了基础。最后归纳总结出激素的概念。

（三）演绎推理，建构概念

除了生长激素，人体还有多种激素。展示人体的内分泌腺及其分泌的激素图。激素除了能调节人的生长，还有哪些调节作用呢？下面展示三个激素调节实例资料并进行分析。

（1）调节发育：呆小症的病因及甲状腺激素的作用分析。

（2）调节糖代谢：II型糖尿病的病因及胰岛素的作用分析。

（3）调节生殖：青春期出现"早恋"现象的内因及性激素的作用分析。

学生分组选择不同的激素调节实例进行分析。小组讨论完成后，小组代表进行解释展示。教师及时更正补充，引导总结。最后由四个实例归纳总结建构重要概念"人体在受神经调节的同时，在生长、发育、生殖、代谢等许多方面受内分泌系统的激素调节"。

设计意图：学生通过分析生长激素调节实例，认识到激素可以调节人体的生长，对激素调节的作用有了初步的认识。如果对每一个激素调节实例都进行分析，一节课的教学时间不够。而且分析过程相似，学生的注意力和学习兴趣可能会降低，所以，在分析了生长激素调节实例后，让学生分组选择不同激素的调节实例进行深入的分析。既给了学生充分的讨论和展示时间，也给了学生进行科学论证式学习演绎推理的锻炼机会。最后由四个激素调节实例建构人体激素调节的重要概念。每组选择性学习的设计对概念的建构来说，既提供了实例支撑又节约了时间，另外还提高了课堂教学的效率。

（四）建构概念网络，内化概念

学生学习了相关概念后，教师给出本节相关概念，让学生绘制概念之间的关系图。学生进行展示，师生一起评价。

设计意图：通过科学论证式教学，学生已经形成了一些与激素有关的概念。让学生自主建构概念图，能够检验出学生是否真的理解了概念及这些概念之间的关系。同时也能再一次通过科学论证的方式进行概念间逻辑关系的梳理，进而将概念内化。

（五）解决实际问题，应用概念

身材矮小的未成年患者可以通过注射生长激素来促进身体生长发育。患者甲同学希望通过加倍注射生长激素来促进身高增长。如果你是甲同学的好朋友，你支持甲同学通过加倍注射生长激素来促进身高增长吗？并说明理由。

设计意图：通过探讨生长激素注射剂量的相关问题，检验学生是否能有效地理解和运用所学知识，纠正学生常见的认知误区。通过呈现生长激素过量注射的危害的资料，学生更加深刻地认识到激素对于人体的重要性，警示学生在使用激素类药物时要遵医嘱，切勿过量用药，以免对身体造成不可挽回的伤害。

四、论证式教学反思

科学论证式教学对概念的建构和概念间逻辑关系的梳理有明显的促进作用。经过论证建构的概念，更容易掌握、内化和应用。论证式教学需要证据，这就要求教师提前准备合适的资料或实验，要求学生具有一定的提取信息的能力、逻辑思维和分析解决问题的能力。在科学论证的过程中，发展学生的归纳与概括、演绎与推理、批判与质疑等科学思维，有利于学生形成生命观念，承担一定的社会责任，提高学生的生物学学科核心素养。

参考文献

[1] 翟小铭，郭玉英，李敏. 构建学习进阶：本质问题与教学实践策略
　　[J]. 教育科学，2015（2）：5.
[2] 中华人民共和国教育部. 普通高中生物课程标准（2017年版2020年修
　　订）[M]. 北京：人民教育出版社，2020.

基于概念学习进阶以小组形式开展的教学设计

——以"DNA分子结构和特点"为例

成都教育科学研究院附属中学　杨术芳

一、教材分析及思路设计

　　DNA分子结构和特点是高中生物学必修2《遗传与进化》第3章第2节的内容。教材中介绍了碱基互补配对原则，这是DNA进行复制、转录、翻译时必须遵循的原则；DNA分子的双螺旋结构是学习和理解遗传学的必备知识，保证了DNA具有特异性、多样性和稳定性。从课程结构上看，本课内容起着承上启下的作用，在整个高中生物学的分子生物学知识内容的学习中有非常重要的地位。

　　学生已具备知识：学生在学习了必修1《分子与细胞》第2章第5节"生物大分子以碳链为骨架"后，已知核酸的类型及DNA的作用，结合本章第一节"核酸是遗传物质"的学习，学生已理解了DNA作为遗传物质的证据，这些知识是建构DNA结构模型的基础。设计思路：学生根据学习目标，能提出问题。在教师的引导下，学生对DNA的组成和空间结构充满好奇，并希望能自己动手制作相关模型。本课新知：知识内容是DNA分子的结构和特点，重难点是建构DNA分子结构模型，难点突破策略是引导学生根据资料完成分配的个性化任务，合作学习建构DNA分子双螺旋结构模型。

　　合作学习注重对个人责任感和集体荣誉感的培养，能充分发挥组内成员的主观能动性，对本节课教学内容的开展和实施起着重要作用。在合作过程中，学生根据分配到的任务，参与讨论、分享结论，小组合作共同完成探究课题。小组合作能有效提升学生的自主学习能力和自主探究能力，同时还能增进学生之间的相互信任，增强学生的合作意识，有助于学科核心素养的提升。教师提供建构DNA分子模型所需的背景资料和模型材料，组织学生逐步开展合作学习，既为学生主动学习创造了机会，也可以让每一位参与其中的学生都能够经历模型建构的过程。这种合作模式有助于加深学生对DNA分子结构的了解，学生在此基础上更加容易得出DNA分子的结构特点。

二、教学目标

依据课程标准并围绕培养学生学科核心素养的要求，制订了如下教学目标：

（1）运用结构与功能观，分析情境，理解并解释DNA作为遗传物质需要具备的特征。

（2）通过对资料和教材的阅读，获取相关信息，能够阐述DNA分子的基本单位——脱氧核苷酸的组成和种类，掌握运用证据证明结论的科学思维方法。

（3）通过小组分工合作，能够利用模型材料，逐步从脱氧核苷酸构建起DNA分子的平面结构，并认识到建立物理模型是表征DNA分子结构的重要方法。

三、教学过程

DNA分子结构模型较为抽象，如果由学生个体独立完成，难度较大，学生的印象也不深刻，所以尝试将本节教学内容——DNA分子结构模型的构建设计为小组分工合作完成。将班级学生合理分组，设计具有难度梯度的探究课题，随着课题的层层深入，小组内、小组间分工合作来完成模型的建构。既可以激发全体同学的学习热情，又可以通过全班集体的智慧来完成本节课内容的学习和巩固。

（一）组建学习小组

课堂中需要合作完成4个任务，且任务的难度和思维深度依次加深。为了能让小组合作学习有效、快速推进，课前教师给每位同学发放了标签纸，用于分组。将全班分为4个大组，每个大组又分为2个小组，每个小组的成员人数为5人。

设计意图：小组合作学习中，教师若只根据探究任务的数量或课堂活动的多少对班级同学进行分组，就有可能导致组内人数过多或过少，均不利于小组合作学习的开展。恰当的分组一般是以4~6人为一组。对于班级分组和小组长的确立，教师要尊重学生，遵照学生自愿的原则，并根据自己对学生的了解，对其进行一定的指导。

（二）确立"小组合作学习"的目标

小组合作学习需要通过学生间的交流、共同思考和讨论来实现优势互补，促进知识构建，充分唤起学生的主动学习意识，形成探索性的个性化主体学习方式，真正实现以"学"为中心。为尽快明确本节课的学习目标，在完成分组后，教师随即投影展示各小组的探究课题。

设计意图：每个小组的目标是公开的，小组间可以互相借鉴，这样有利于营造一个融洽开放的学习氛围，进而能够使学生积极主动地进行交流合作。

（三）"任务分配"合作学习

在展示完每个大组的探究课题后，再对每组内的同学进行明确的分工。在分小组合作探究活动开展之前，先给每个小组一份小组合作学习操作流程图，在流程图中展示小组内成员具体的分工任务。

任务一：请组长向第二小组组长求证，结束求证后，请完成以下考查训练题：

1. 下列哪一组物质是DNA的组成成分（　　　）

A. 核糖、嘧啶、嘌呤、磷酸

B. 脱氧核糖、磷酸、

C. 核糖、碱基、磷酸

D. 脱氧核糖、核酸、磷酸

任务二：请负责人向全体同学汇报展示你们小组的探究结论。要求：说明该结论是根据哪些信息得出的，是否一次求证成功。

任务三：请负责人向全班同学解析考查训练。

任务四：请负责人向全班展示：本小组自主命题范围是课本第54页内容，以下是本小组的自主命题。并要求同学们在明确自己的任务后，以自愿的原则对本小组成员进行分工，最后拟定任务分工责任人名单。

第（　　　）小组名单

任务一成员：　　　　　　　　　　　　　　　　　负责人：

任务二成员：　　　　　　　　　　　负责人：

任务三成员：　　　　　　　　　　　负责人：

任务四成员：　　　　　　　　　　　负责人：

备注：请各小组填写完后交给老师。

同学们依据操作流程提示，利用课堂导学案提供的资料信息和教材知识，通过合作学习共同探究得出课题结论。在已知结论的基础上，每位成员根据任务单要求及小组内的分工，继续完成独立探究。在此过程中，每位同学的表现都相当出色，每位小组成员都很兴奋，或埋头查阅资料，或和其他同学激烈讨论，教室里充满了学生思维的碰撞和广泛的交流，课堂氛围既紧张激动又和谐融洽，这为接下来的小组展示汇报奠定了坚实的知识基础。

设计意图：常规小组合作学习过程包括确定任务、合作探究、交流讨论、结果反馈。经过多次实践和反思，笔者认为在小组合作的基础上必须要有明确的任务分配，保证每位学生都有自己的任务，如此更能调动学生学习的积极性，同时也能避免个别同学成为小组合作学习的"旁观者"。

四、教学反思

美国心理学家约翰森将课堂中的学习分为"竞争""个体"与"合作"，即合作学习的课堂情境存在"组内成员有合作、组间成员有竞争""组内成员有合作、组间成员为个体（独立）""组内成员有合作、组间成员也有合作"三种状态。

依据"转变学习方式，提升学习能力"精神，课堂教学要注重培养学生的自主、合作、互助、探究能力。"小组合作学习"能充分发挥学生的主体作用，只有当组内有分工，组内每位成员在组内都有任务，小组成员间知道组员希望自己做什么、希望小组成员间如何一起配合时，合作学习的潜力才会最大限度地发挥出来。笔者尝试采用任务分配型的小组合作学习模式，即组内成员都有各自的任务，带着各自的任务参与小组内的合作学习。

（一）"任务分配型"合作学习强化课堂参与感

学生反馈在今天的课堂里，由于每位同学都有自己的任务，使命感油然而生，自然就会主动参与到课堂探究中，此种模式也让学生产生了很深的感触。

学生通过动手操作、探索交流进行学习，真正成为教学活动的积极参与者。这种方式能使小组合作的优势发挥得淋漓尽致，每个学生都激情澎湃，学生成为课堂真正的主人。经过课堂实践，笔者观察到进行小组内任务分配能强化学生的主体意识，激发学生潜在的创造力，鼓励学生从不同的方向去完成课题的探究。

（二）"任务分配型"提升学生的学科核心素养

小组合作和组内分工在课堂内要进行良好整合，处理好合作学习与独立思考的关系。个性化任务分配型合作学习中每位成员都能积极主动地参与到课堂中，每位学生在展示汇报环节都充满了自信。不同学生的发言使课堂生成了更多的思维碰撞，学生对于本节知识的内容掌握更深了一步，学生的科学思维、科学探究素养也得到了更进一步的提高。

（三）"任务分配型"小组学习需要了解学情

任务分配型小组合作学习模式的开展需要教师对学生有较深的了解，能根据学生的特点进行科学合理的分组，这种模式还需要教师具有一定的课堂调控能力，以确保分组活动能有效进行。在任务分配型小组合作活动中，教师分配的任务需要同时搭配可测、可操作的评价机制，既需要有对组内每一位学生的评价，也需要有对小组的整体评价。高中生物学课堂中小组合作学习的开展仍存在一定的难度，教师在组织和开展小组合作学习时要立足于全面了解学情之上，尊重学生之间的个体差异，有针对性地进行分组。在课堂活动过程中需关注和观察每一位学生的学习状态和参与情况，以确保每位学生都能通过小组合作学习有所收获、有所进步，助推学科核心素养的落实。

参考文献

［1］中华人民共和国教育部.普通高中生物学课程标准（2017年版2020年修订）［M］.北京：人民教育出版社，2020.

［2］党振绪.基于核心素养的高中生物科学思维培养策略探究［J］.考试周刊，2020（59）：131-132.

［3］郑达钊.聚焦核心素养目标的课堂教学策略——以"免疫调节"为例［J］.中学生物教学，2020（16）：26-28.

［4］罗余红.高中生物教学中小组合作学习模式运用研究［J］.教学管理与教育研究，2022，7（2）：97-99.

［5］陈清静.小组合作——培养学生生命观念的有效手段——以"生物膜的流动镶嵌模型"教学为例［J］.中学教学参考，2021（5）：90-91.

［6］聂建慧.高中生物核心概念教学的实践与体会［J］.考试周刊，2021（31）：131-132.

［7］危宝华.基于学习进阶的高中生物概念建模教学策略［J］.新课程评论，2021（1）：102-108.

基于学习进阶的初高中生物学"发酵"的衔接分析

成都市金苹果锦城第一中学　吴树青

基于《普通高中生物学课程标准（2017年版2020年修订）》，初高中生物学学科教学更关注培养学生的核心素养。促进学生核心素养的发展是高中生物教育教学的核心任务。学习进阶是学生学习中依次进阶、逐级深化并且思维提升的过程，体现了知识的连贯性和知识框架的建构。学习进阶符合学生的认知发展，结合学生生活经验，建构对生物学大概念的深刻理解，完成培养核心素养的教学目标。学习进阶以学科大概念学习为中心，以前概念为基础，若教师设计恰当的学习路径，搭建合适的知识台阶，会让学生逐步深刻理解概念，最终理解大概念，促进学生深层次学习。学习进阶是养成学生核心素养的专业路径，初高中生物学知识较分散，对于相同模块知识的学习间隔时间较长，不利于生物知识的连贯。笔者根据学习进阶的相关理念，以"发酵"知识模块为例，分析初高中衔接方法，为高中生物学教学提供部分教学思路参考。

一、初、高中"发酵"相关知识的梳理

初中"发酵"板块的学习目标建立在学生对日常生活中的发酵食品和发酵现象的了解的基础上，旨在认识发酵技术在生活中的运用，理解微生物对人类的作用。高中"发酵"板块的学习建立在初中"发酵"知识的基础上，分析"发酵"的本质以及对人类生产和生活的影响。对于"发酵"概念的理解不是简单的指导和下定义，传统发酵食品、现代发酵食品和工业发酵本质的区分也

存在困难。梳理初高中"发酵"的相关概念，了解"发酵"的来源和发展，有助于理解"发酵"的概念（见表1）。

表1　人教版初高中"发酵"的概念梳理

学段	相关概念
初中	微生物、发酵食品、沼气发酵、工业发酵
高中	传统发酵食品、腌制、无菌技术、现代发酵食品、发酵工程

设计意图：了解发酵的来源、发展和应用，既有助于训练学生的科学分析能力和逻辑思维能力，同时又有利于培养学生的科学思维和社会责任。

二、初、高中"发酵"学习进阶分析

对于初、高中教学有效衔接，同时兼顾两个学段的教学内容，完成教学目标，避免知识的遗漏和重复。因此，要对初、高中"发酵"知识进行分析，根据学生认知发展规律，预设学习路径，达成教学任务和教学目标。"发酵"知识的大概念是"发酵工程利用微生物的特定功能规模化生产对人类有用的产品"。对于"发酵"学习，其大概念就是该板块的教学目标，而该大概念是由很多重要概念、次位概念构成的。因此，笔者以该学习目标预设学习进阶水平（见表2）。

表2　"发酵"学习进阶框架

学习目标：发酵工程利用微生物的特定功能规模化生产对人类有用的产品		
进阶水平		重要概念或次位概念
初中	水平一	举例说明发酵技术在生活中的应用
	水平二	理解发酵技术利用微生物生产食品、药品和其他物质
高中	水平一	举例说明日常生活中的某些食品是运用传统发酵技术生产的，并归纳出传统发酵食品的概念
	水平二	阐明现代工程技术及微生物的特定功能，生产人类所需产品
	水平三	举例说出发酵工程在医药、食品及其他工农业生产中的应用价值
	水平四	概括"发酵"的概念

由表2进阶框架可见，初中"发酵"的相关知识比较简单，学生对于发酵的认识集中在传统发酵产品上。而高中的内容是在初中的基础上，了解传统发酵产品的由来、概念以及现代工业发酵的产品，掌握发酵的原理以及应用，进一步认识发酵在医用、食品和其他工农业方面的应用价值。

设计意图：梳理初、高中"发酵"的进阶水平，有助于确定教学目标，并根据教学目标设计教学过程，最终达成学习进阶的目的。

三、初、高中"发酵"教学的衔接

（一）巧用生活实例，引导学生回顾初中知识，夯实高中"水平一"

通过分析以上进阶框架，发现高中"水平二"是发酵概念进阶的关键点，它以"水平一"为基础，但高中的"水平一"与初中的"水平一"有重复，重复知识的目的是温故知新，使知识学习更连贯流畅。对于这部分的处理，通过设置问题加以解决：人类当初为什么会制作腐乳、臭鳜鱼、泡菜和果酒之类的食品？传统的发酵食品有哪些？了解传统发酵食品的由来。在食物匮乏时，没有先进的保存食物的技术，其条件有限，当食物发生变质后，通过采取腌制和加调味料的方法改变其口味继续食用，而且不会对人体健康造成不良影响。在此基础上继续追问：是否所有有微生物生长的食物都是发酵食品？根据已有的生活经验，学生知道发霉食品不属于发酵食品，引导学生归纳出传统发酵食品的概念。发酵食品能长期被人们喜欢并且经过多次改良，到现在种类繁多，不仅仅是因为味道而被人们喜欢，在成分上也有变化，在微生物的作用下，将大分子物质分解成小分子物质，不仅易于人体的吸收，还能合成人体不能合成的营养物质。传统发酵食品是微生物与食品相互作用的结果，不仅能食用微生物细胞，还能食用其代谢产物。

设计意图：通过以上问题的设置和教师引导，从日常现象入手，由浅入深地分析"发酵食品"的概念。不仅可以夯实对"水平一"的深入理解，还可以为后续的"水平二"的学习奠定基础。

（二）深入对微生物功能的认识，理解高中"水平二"

学习完传统发酵产品果酒、果醋和腐乳后，认同不同种微生物具有不同的生理功能，总结出传统发酵食品深受人们喜爱的原因与发酵菌种密切相关，但不能避免容易变质和亚硝酸盐含量较高的缺点。如要解决这些缺点，需要纯化发酵优质菌种。大规模生产优质的发酵产品，优质菌种是成功的关键。如何筛选出优质菌种？根据不同种类微生物生长的条件不同，可以通过生长条件的特殊性筛选出目的菌株。分析现代工业发酵成功所需要的条件，不仅需要优质菌种以及其适宜的生长条件，还需要避免外来杂菌的污染。在发酵过程中避免外来杂菌的污染，这就是无菌技术，现代工业发酵中运用无菌技术，生产的食品是现代发酵食品。现代工业发酵能弥补传统发酵原料复杂性、地区差异性、季节性、发酵过程不精细等不足，不仅能有效控制亚硝酸盐物质的含量，还能提高生产效率，实现大规模安全生产，充分利用微生物特殊的生理功能制成食品、添加剂和药品。至此，建立传统发酵技术与现代工业发酵技术的区别，在传统发酵技术的基础上延伸出随着科学技术的发展，了解现代工业发酵技术，较好地达成高中"水平二"的学习。

设计意图： 从发酵的现象分析传统发酵过程存在的缺陷，分析现代发酵的关键是获得纯种的微生物，并将纯种微生物筛选出来，作为发酵菌种，培养学生的科学思维和科学探究能力。

（三）深化发酵的运用，突破高中"水平三"

在理解"水平一"和"水平二"的基础上，了解发酵在生产和生活实践中的运用。为突破"水平三"的学习，展示现代医学运用现代工业发酵生产出药物。现代工业通过各种科学技术，合成人类所需要的食品、药品以及其他物质。

设计意图： 根据微生物的特点，深入挖掘"发酵"在食品和药物等方面的应用，造福人类，培养学生的社会责任。

（四）概括发酵的概念

不论传统发酵技术还是现代发酵技术，都是利用微生物的特定功能生产出食品、药品或者其他物质，改善人类的生活，造福人类。基于利用微生物生产的实例，概括"发酵"的概念，利用微生物的特定功能制取食品或者其他产物。

设计意图： 基于事实概括"发酵"的概念，有助于学生深刻理解"发酵"的本质及分析"发酵"中的具体现象，有利于培养学生的归纳概括能力和逻辑思维能力。

四、教学反思

学习进阶的起点和终点之间存在中间水平，处理好中间水平的构架有助于学生达成学习目标，并理解大概念。初、高中的学生在学习"发酵"知识时，由于学生的认知水平存在差异，教师在教学设计中要根据学生当前认知水平，通过提出问题并设计好知识之间的台阶，由高中"水平一"逐步进阶到高中"水平四"。在教学中，教师要引导学生将微生物生长与环境联系起来，而不是孤立地分析微生物的生长和代谢，这样不仅有利于学生理解"发酵"，也有利于学生理解稳态与平衡的生命观念。此外，本文中设计的学习进阶表在实际教学中比较符合初高中学生的认知发展水平，能较好地促进教学任务的完成。在实际教学中，教师可以采用多元化的评价方式检测其教学效果，根据学生的反馈情况及时调整教学策略，这有利于该板块知识的衔接。

参考文献

[1] 郭玉英，姚建欣.基于核心素养学习进阶的科学教学设计［J］.课程教材教法，2016，36（11）：65–70.

[2] 刘晟，刘恩山.学习进阶：关注学生认知发展和生活经验［J］.教育学报，2012，8（2）：81–87.

[3] 周丐晓，刘恩山.学习进阶研究述评及其对我国科学教育的启示［J］.生物学通报，2019，54（3）：10–16.

渗透科学论证的教学设计

——以"减数分裂"为例

成都外国语学校高新校区　成欣耘

一、教学分析

本节内容选自人教版高中生物必修2第2章第1节，教材首先通过一小段科学史引入魏斯曼对减数分裂结果和特点的推测，随后以精子形成为例，借助图片和文字描述了减数分裂各时期的特点，为学生建构"遗传信息控制生物性状，并代代相传"这一大概念做重要铺垫。

本教学设计基于减数分裂的真实研究历史，引导学生跟随科学家的研究历程论证减数分裂过程中的关键性事件，使学生对"同源染色体分离，非同源染色体自由组合"这一重要概念有更为深入的理解，同时提升学生科学论证等思维能力。

二、教学目标

（1）以减数分裂科学史为论据，论证减数分裂过程中染色体行为变化特点，并体会科学家乐于探索、锲而不舍、合作学习的科学精神。

（2）通过显微照片观察，提升学生科学研究中的观察能力。

（3）通过扭扭棒模型的建构，提升学生的思维能力和表达沟通能力。

（4）通过扭扭棒模型演绎和归纳减数分裂过程中染色体行为变化过程，提升学生演绎与推理、归纳与概括能力。

三、教学过程

（一）减数第一次分裂前的间期

呈现科学史资料，提出问题：贝内登在1903年观察马蛔虫显微照片时，发现体细胞中有4条染色体，而精子中只有2条；1890年德国细胞学家鲍维里、1891年德国动物学家亨金都发现了形成精子或卵细胞时，染色体数目减半的事实。提问：形成生殖细胞时，染色体数目如何减半？减半的意义何在？

呈现科学史资料，铺垫必要知识：有研究发现配子母细胞形成配子的过程中包含了两次连续分裂的阶段。1900年，威力沃特用巧妙的办法观察到了减数分裂初始阶段的变化，发现染色体首先要进行复制，即从细线期变化到双线期。

设计意图：先呈现减数分裂的结果，再倒推具体过程，这样以终为始，不仅符合减数分裂的科学发现史，也因为和有丝分裂存在明显不同而激发学生浓厚的学习兴趣，为后面过程的研究做铺垫。

（二）减数第一次分裂

呈现科学史资料，提出问题：1891年亨金观察某种蟠（$2n=24$）时，发现染色体在前期呈现出"8"字形环状结构，且有12个。进一步观察发现每一个环状物其实是一对配对的染色体。提出疑问：染色体是如何配对的？

提出假设：父本间或母本间配对。

呈现科学史资料，论证假设：Montgomery在1901年做了大量观察实验，发现有个物种染色体$2n=14$，$n=7$，如果父本间或母本间配对就会有1条剩余，且配对的染色体大小也不对等。于是推翻假设，提出观点：配对的染色体一条来自父方一条来自母方，由此引出同源染色体和非同源染色体的概念。

设计意图：通过科学史的重要发现推动学生学习进程，带领学生重演科学家当年的探究之路，让学生充分参与到建构减数分裂的过程中，并逐渐形成论证观点的科学意识。

此处增设扭扭棒模型建构环节，摆出4根扭扭棒，编号1、2、3、4，模拟马蛔虫精原细胞中的四条染色体，其中1号、2号扭扭棒长度相同、颜色不同，代表一对同源染色体，3号、4号扭扭棒代表另一对同源染色体。请学生借助扭扭棒建构出染色体复制后的形态。

观察现象，建构模型：科学家观察中期和后期的细胞，发现中期细胞内染色体排列在赤道板上，后期染色体往两极移动。

借助模型，提出假设：引导学生借助手中的扭扭棒模型，模拟建构中期和后期的染色体行为变化模型。模拟后期同源染色体分离过程时，学生可能提出几种假设：一种认为父本的染色体（相同颜色的扭扭棒）移向一极，母本的染色体移向另一极；一种认为非同源染色体可以自由组合，还可能提出同源染色体移向同一极的假设。

呈现科学史资料，初步论证：1902年，萨顿发现染色体配对和分离的行为与孟德尔所设想的遗传因子行为存在平行关系，认为染色体很可能是孟德尔遗传因子的物质基础，于是借助非等位基因自由组合提出不同对染色体分别移向两极是随机行为。

呈现科学史资料，进一步论证：1912年，萨顿的小师妹卡若瑟用实验证实了随机分配的机制。她发现蝗虫有一对同源染色体大小不等，同时还有一条单独的性染色体，很明显，在减数分裂时这条单独的性染色体只能待在一极。卡若瑟统计了300多个后期细胞后发现，那条单独的性染色体与那对大小相异的同源染色体结合比例接近1∶1，准确说明了染色体是随机分配的。请学生修正扭扭棒模型，明确1号染色体既可以和3号非同源染色体移向同一极，也可以和4号移向同一极。随后请学生借助扭扭棒摆出减数第一次分裂完成后两个子细胞的染色体状态。

设计意图：此处运用了多个科学史资料，但并没有一次性抛给学生，而是将其作为学生思考的脚手架，逐步引导他们借助扭扭棒主动作出假设并论证假设，由此提升学生科学论证的思维能力，并深入理解"非同源染色体自由组合"这一重要概念。

（三）减数第二次分裂

呈现科学史资料，建构模型：展示减数第二次分裂过程各时期的显微照片，请学生用扭扭棒模型展示减数第二次分裂前期、中期、后期的染色体行为变化，引导学生观察总结子细胞的染色体组合方式和条数。

请学生用另一套扭扭棒模型演示减数第一次分裂后期另一种自由组合方式

导致的结果，并对比归纳，得出自由组合的意义在于形成染色体组合具有多样性的配子。

借助模型归纳总结：结合扭扭棒模型总结减数分裂的过程特点，即1个原始生殖细胞经过两次连续分裂，形成4个子细胞，每个子细胞中染色体数目减半，且染色体组成两两相同、两两互补。

设计意图：减数第二次分裂的过程和有丝分裂非常类似，是学生熟悉的过程，不再增设过多复杂的环节，直接请学生参照图片借助扭扭棒建构模型即可，一来可以使学生的理解得以外显表达，二来便于同伴和教师评价、修正模型。

四、教学反思

教材对减数分裂的过程侧重事实描述，力求让学生理解各个时期的染色体变化规律。本节内容则试图将论证思维能力的培养渗透其中，比如对"同源染色体配对""非同源染色体自由组合"等重要事件的论证。

学生论证的好坏很大程度上取决于学生对问题背景的理解和熟悉程度。科学史是营造问题背景的好材料。本次教学设计引入的科学史材料一方面可以帮助学生提出问题及作出假设；另一方面又可以为学生支持或反驳假设提供证据，让学生在不断求证的过程中与历史资料产生互动，体验时空交错的思维交锋，体会论证思维在科学研究中的重要作用，并感受乐于探索、锲而不舍的科学精神。

物理模型扭扭棒的使用也是本次教学设计的一个亮点。本节内容中扭扭棒体现出两大功能：一是作为表达工具，比如让学生观察显微照片后操作扭扭棒，将他们对观察结果的认识和解释外显出来与教师和同伴交流；二是作为学生提出假设和思考的工具，比如学生先借助扭扭棒推演非同源染色体的组合方式，再结合科学史资料加以论证。正如专家所言，在模型建构中实现行为与思想的统一是关键，本次设计较好地将论证思维和演绎思维与学生的建模过程统一协调起来。

参考文献

［1］中华人民共和国教育部.普通高中生物学课程标准（2017年版2020年修订）［M］.北京：人民教育出版社，2020.

［2］许桂芬，陈欣.发展学生理性思维的论证式教学——以"减数分裂"教学为例［J］.生物学教学，2017，42（4）：4.

［3］杨大祥.减数分裂的研究历史［J］.生物学教学，2007（1）：61–63.

［4］闫霞，安军.基于科学思维和科学探究的"减数分裂第1课时"教学设计［J］.生物学通报，2019，54（7）：3.

［5］何嘉媛，刘恩山.论证式教学策略的发展及其在理科教学中的作用［J］.生物学通报，2012，47（5）：4.

［6］谭永平.高中生物学新课程中的模型、模型方法及模型建构［J］.生物学教学，2009，34（1）：3.

基于思维进阶的论证式教学设计

——以"酶的特性"为例

成都市教育科学研究院附属中学　杨东升

一、教材分析及思路设计

"酶的特性"是人教版高中生物学教材必修1《分子与细胞》第5章第1节第2课时的内容，对应必修模块1"说明绝大多数酶是一类能催化生化反应的蛋白质，酶活性受到环境因素（如pH和温度等）的影响"的次位概念。《普通高中生物学课程标准（2017年版2020年修订）》的教学提示：探究酶催化的专一性、高效性及影响酶活性的因素。本部分知识内可以为学习细胞代谢等相关知识奠定基础，也是培养物质与能量观、结构与功能观等生命观念的重要契机。同时，本课时探究活动所涉及的实验方案设计、实施及结果分析等过程和方法更是提升学生科学探究能力的良好载体。

本课时是在学生已经学习了"酶的作用和本质"的基础上进行的拓展探究，重在培养学生的科学探究和获取证据建构概念的能力。学生在前面的学习中已经习得了对照的基本实验思想和变量控制的相关知识，但对对照的具体设置及变量的控制还停留在感知阶段。

本课的设计思路是通过实验探究获取证据来论证所提出的观点，进而通过归纳总结建构概念，培养学生的科学思维和科学探究能力。为了弥补学生科学探究能力的不足，在论证环节设置了"感悟、习得、运用"的进阶过程，整节课的设计遵循"情境—问题—证据—概念—运用"的逻辑顺序，体现了概念建构的思维进阶过程。基于思维进阶的论证式教学设计流程图如图1所示：

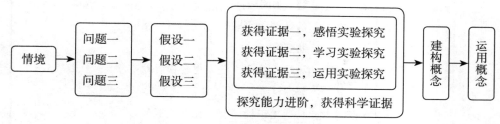

学习过程进阶，建构科学概念

图1　基于思维进阶的论证式教学设计流程图

二、教学目标

（1）基于生产和生活实际，提出酶的作用特性、影响酶活性的因素等问题，培养归纳与概括的科学思维能力。

（2）作出假设，制订科学探究方案，并通过讨论分析修订完善方案，动手实验，体验科学探究过程，培养科学探究能力。

（3）分析实验现象，得出实验结果和结论，建构科学概念，培养分析与综合的科学思维。

三、教学过程

（一）创设情境，提出观点（提出问题）

播放教师自导自演的生活情景剧——洗衣服视频。视频通过夫妻对话，由经常洗衣服的妻子说明经常使用加酶洗衣粉的事实，得出用加酶洗衣粉洗衣更省力的生活经验。

教师：酶已经走进了我们的日常生活。那么，加酶洗衣粉与普通洗衣粉的区别是什么？

教师：出示加酶洗衣粉的说明书。

活动：分析加酶洗衣粉的说明书（见图2），教师设计如下问题：酶为什么能让洗衣更轻松？酶只能作用于专门的污渍吗？温度会影响加酶洗衣粉的作用效果吗？要求学生结合酶的化学本质（主要是蛋白质）作出假设（见图3）。

品　　名：超效加酶洗衣粉

有效成分：活性剂，柔顺剂，蛋白酶，脂
　　　　　肪酶等

产品特性：添加生物酶，洗衣更轻松。对
　　　　　奶渍、血渍效果尤佳。

注意事项：1.适用于棉、麻、化纤及混纺
　　　　　　织物；

　　　　　2.建议温水洗涤，不宜用60℃以
　　　　　　上热水直接冲泡；

　　　　　3.放在小孩接触不到的地方；

　　　　　4.如不慎入口或溅入眼睛，请立即
　　　　　　用大量清水冲洗并及时就诊。

图2　加酶洗衣粉说明书

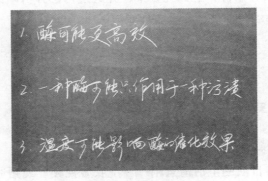

图3　酶作用效果的多种假设

（二）寻找证据，论证观点（解决问题）

1. 从已学知识中寻找证据，感悟实验探究

教师引导学生回忆旧知：上节课学习了"比较过氧化氢在不同条件下的分解"的实验，在该实验中，滴加2滴猪肝研磨液的试管比滴加2滴$FeCl_3$溶液的试管产生气泡快得多，这说明什么？

资料一：大量实验数据表明，酶的催化效率大约是无机催化剂的$10^7 \sim 10^{13}$倍。

以上事实说明：与无机催化剂相比，酶的催化具有高效性。

教师：酶的高效性对生命活动的正常进行有什么意义？

2. 探索寻找证据，习得实验探究

一种酶是否只能作用于特定的污渍呢？

教师：播放微课视频。

通过微课讲解，同学们得到了淀粉酶只能水解淀粉，不能水解蔗糖的结论。

资料二：过氧化氢酶只能催化过氧化氢分解，不能催化其他化学反应；脲酶除了催化尿素分解，对其他化学反应也不起作用。每一种酶只能催化一种或一类化学反应。

以上事实充分说明：酶的催化具有"专一性"。

教师：酶的专一性对细胞代谢的正常进行有什么意义？

3. 从实验中寻找证据，运用实验探究

学生分组实验探究温度是否能影响酶的催化效果？让学生根据已学知识思考以下思考：

（1）实验探究的一般步骤是什么？

（2）自变量是什么？结合加酶洗衣粉说明书中关于使用温度的要求，让学生以温度为自变量设计实验方案。

各小组合作完成实验方案，选代表进行展示交流，师生共同评价并修订完善实验方案。

各小组根据完善的实验方案，完成实验操作，记录实验现象，分析实验现象，得出实验结果及结论。

通过各小组的汇报，发现温度的确能影响酶的催化效果。

教师提问：请同学们结合酶的化学本质进行思考，温度是怎么影响酶的催化效率（酶活性）的？通过引导大部分学生能回答，温度是通过影响（蛋白质等）分子的空间结构来影响酶活性的。

教师追问：还有哪些因素会影响酶的活性？

学生：强酸、强碱、重金属盐等。

教师：我们仍然需要有证据支持我们的猜想。

师生共同完成温度或pH对酶活性影响的探究方案的设计，教师请三位同学辅助完成演示实验。

教师：请同学们以温度或pH为横坐标，以酶的活性为纵坐标，绘制酶活性的变化曲线。并与科学家定性实验（补充资料三）做对比。

资料三：酶活性受温度或pH影响示意图。

对比分析两幅曲线图，介绍最适温度和最适pH的描述。

以上事实可以说明：酶具有作用条件较温和的特性（见图4）。

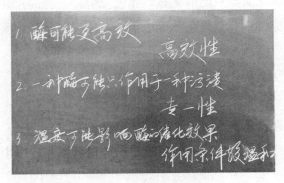

图4　酶的特性的板书设计

（三）归纳概括，建构概念

基于以上证据及证明了的观点，结合已学过的知识，引导学生归纳概括出"酶"的概念：酶是一类具有催化作用的有机物，其中绝大多数酶是蛋白质。具有高效性、专一性的特点，其活性受环境因素（如温度和pH等）的影响。

（四）回归情境，学以致用

资料分析：多酶片含有多种消化酶，在消化不良时可以服用，其所含成分如图5，请分析该药片进入消化道各段后酶释放的大致过程，并说明其设计为4层的原因。

学生讨论得出：一是为了保证多酶片中的酶在特定位置发挥催化作用，如胃蛋白酶在胃内、胰酶在小肠中才能使相应食物成分分解；二是为了保证多酶片中的胰酶未到达小肠时，其活性不会受到胃液pH值的影响。

教师播放动画：利用自制动画展示多酶片在消化道中的作用过程；启发学生认识到多酶片进入小肠后，其中胃蛋白酶的活性降低，甚至丧失，随后被胰蛋白酶催化分解。促进学生深刻理解服用注意事项中"多酶片不能碾碎后服用"的生物学原理，进而实现知识的有效反馈、迁移和拓展。

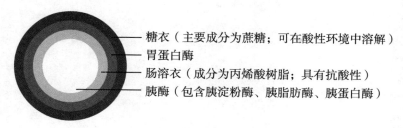

糖衣（主要成分为蔗糖；可在酸性环境中溶解）
胃蛋白酶
肠溶衣（成分为丙烯酸树脂；具有抗酸性）
胰酶（包含胰淀粉酶、胰脂肪酶、胰蛋白酶）

图5　多酶片成分图

四、教学反思

本教学设计遵循学生的认知逻辑，从生活情境中提出探究问题，通过寻找事实、证据来证明观点，从而建构科学概念。在探究过程中注重为学生搭建思维和能力的阶梯，以此来培养学生的科学探究能力，提升学生的学科核心素养。同时，倡导教学过程重实践的课程理念，以生活中的技术运用为起点，通过论证形成科学知识，然后用于指导生活实践，体现了"科学、技术、社会"的融合。

参考文献

王琼霞，刘晓昕，赵新桐. "酶的特性"一节教学设计［J］. 生物学通报，
　　2021，56（7）：18-21.

下　篇

教研论文篇

论证式教学在高三生物学复习课中的教学实践

——以"减数分裂"一节为例

成都高新区教育发展中心　徐爱琳

　　培养科学思维是生物学课程的明确目标。在高中生物学课堂教学中培养科学思维的重要策略之一就是论证式教学，即将科学论证引入教学过程，科学论证包括主张、证据、推理三个要素。论证式教学是学生结合学习中产生的问题，根据已有的知识和经验提出思路或猜想，并提供证据来解释猜想或思路的合理性，当猜想或思路得到认可后则可上升为主张的教学模式。高三生物学复习课常常存在"教师满堂灌、学生被动听、课堂效率低"的现象。将论证式教学引入高三复习课，有利于促进学生展开思维活动，能够使课堂实践取得良好的教学效果。下面以"减数分裂"一节的高三复习课为例，对论证式复习课的教学模式作描述。

一、高三生物学复习课论证式教学的设计与实施

　　高三生物学复习课应该打破教材章节的局限，采用单元设计模式，设计要围绕减数分裂过程中的染色体行为变化、举例说明染色体组的概念、辨析常染色体与性染色体，串联并整合到"减数分裂产生染色体数量减半的精细胞或卵细胞"这一次位概念中。教师设计答题模板，课堂中要求学生在模板上写出证据、推理和主张三个要素。其中，应重点强调证据和推理，因为只有提供相关的证据并进行正确的推理，才能得到正确的主张。

（一）课前预习环节——结合例题分析，写出证据、推理和主张

教师提供例1，要求学生预习教材内容，分析例1后，写出具体的证据、推理和主张。

【例1】图1为两种高等动物减数分裂不同时期细胞的示意图，其中3个来自同种生物，则来自另一种生物的细胞是（　　　）

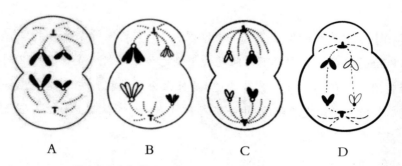

A　　　　　B　　　　　C　　　　　D

图1　两种高等动物减数分裂不同时期细胞的示意图

（二）课中教学环节——分小组进行论证和评价

课堂教学环节，教师从学生的预习答案中选取一部分，隐藏学生姓名后让学生以学习小组为单位对预习答案进行评价，如是否完整地写出了证据、推理和主张；推理过程是否符合逻辑；论证结果是否支持自己的主张等。最终，通过小组讨论及互评交流，找到正确的推理过程及主张。

（三）课后练习环节——进行充分的变式训练及知识巩固

教师提供例2和例3作为课后练习。

【例2】某二倍体高等动物（$2n=6$）雄性个体的基因型为AaBb，其体内某细胞处于细胞分裂某时期的示意图如图2。下列叙述正确的是（　　　）

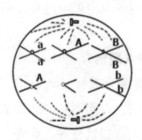

图2　细胞分裂某时期的示意图

A. 形成该细胞过程中发生了基因突变和染色体畸变

B. 该细胞含有3个四分体，6条染色体，12个DNA分子

C. 该细胞每条染色体的着丝粒都连着两极发出的纺锤丝

D. 该细胞分裂形成的配子的基因型为aBX、aBX^A、AbY、bY

要求学生经过证据、推理两个环节形成主张。最后再组织学生进行巩固练习。

【例3】分别用编号写出下列细胞（见图3）中的同源染色体和细胞中的一个染色体组的组成，并回答下列问题：①染色体组的特点是什么？②同源染色体在细胞图中一般怎样表示？③细胞4是什么分裂过程？它可能是几倍体生物的细胞？④通过对比发现细胞5中是否存在性染色体？依据是什么？⑤上述图形中，是否存在染色体组型？

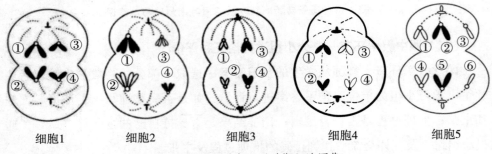

| 细胞1 | 细胞2 | 细胞3 | 细胞4 | 细胞5 |

图3　减数分裂中不同时期细胞图像

二、论证式教学在高三生物学复习课中的运用

与新授课相比，高三复习课更容易出现"满堂灌"的现象，而论证式教学可以提高学生的参与度，展现学生的思维过程，提高学生的科学思维能力与科学探究素养。

（一）寻找证据——提升审题能力

提升学生审题能力的证据来自教材或题干。在分析例1时，学生审题就需要准确把握"是否来自同种生物"，而不是"是否来自同一细胞"，题干显示的是减数分裂过程，而不是有丝分裂过程等。此外，学生还需要准确辨析减数分裂中细胞图像的相关知识，如细胞所属类型、所处分裂时期、细胞中的染色体

行为变化等。教师引导学生寻找证据的过程，就能提升学生的观察能力、理解能力与知识迁移能力。

（二）注重推理——展现学生思维过程

展现学生思维过程的核心在于推理，推理过程是连接证据和主张的桥梁。在论证式教学中，教师提醒学生要适当减慢思维速度，准确梳理题干信息之间的逻辑关联，厘清问题到结论之间的推理过程，展现思维过程的全貌，使解题过程更加清楚，避免出现思维误区。通过小组讨论和评价交流，提高了学生的合作沟通能力、理解应用能力和批判性思维能力。

比如，在例1的解题过程中，三位学生分别给出了不同的论证过程。

【学生1】

证据：①B、C、D图中有黑色和白色的染色体组合；②A图中染色体全为黑色。

推理：①B中白色和黑色代表一对同源染色体（不同颜色代表不同来源）；②B为减数第一次分裂后期，此时同源染色体分离，非同源染色体自由组合；③A、C为减数第二次分裂后期，是在减数第一次分裂之后得到的。

主张：A细胞是来自另一种生物的细胞。

【学生2】

证据：①B、C、D三个图中有黑色和白色的染色体组合；②A图中染色体全为黑色。

推理：①白色和黑色的染色体代表同源染色体；②B、C、D细胞中都有同源染色体；③A细胞中没有同源染色体。

主张：来自不同种生物的细胞是A细胞。

【学生3】

证据：①A、B、C图中的染色体都有大有小；②D图中染色体全是大的。

推理：①A、B、C三个细胞中都有两条大的染色体（或两条小的染色体）；②D细胞中只有大的染色体。

主张：D细胞是来自另外一种生物的细胞。

虽然学生1和学生2都错选了A，但知识掌握情况和推理能力完全不同，错选的原因也完全不同；学生3的答案虽然是正确的，但分析过程出现了偏差，说明其对基础知识掌握欠缺。在高三生物复习教学时，教师可以选择典型的错误答案，展示学生对思维过程，暴露学生的思维障碍，以便分析错因，促进知识的转化与准确运用。

修正主张——引导建构概念

教师引导学生找出有关证据链以获取生物学事实，帮助学生建构生物学概念，经历正确的推理过程，从而得出正确的主张。通过论证式教学活动，将科学论证过程展现出来，使学生获得提出、支持、评价和修改意见的能力，进而能够更深入、更完善地建构科学概念。例如，在课堂讨论中，有的小组提出了如下的论证过程。

证据：①题目问的是其中3个来自同种生物，则来自另一种生物的是哪个细胞，而不是问是否来源于同一个细胞；②D中两条染色体都是大的，而A、B、C中染色体有大有小。

推理：①细胞中的一组非同源染色体构成了一个染色体组；②A中的一个染色体组为 ∧∧ ；③D中的二个染色体组为 ∧∧ ；④染色体组具有物种特异性，是判断物种亲缘关系远近的重要依据之一。

主张：不支持学生1的论证过程，D细胞才是来自不同种生物的细胞。

通过分析和讨论，学生可以发现同伴在推理或证据方面的错误，有利于形成尊重事实和证据、崇尚严谨务实的求知态度和学习习惯。不仅如此，学生还可以通过论证进一步完善对生物学概念的理解，提高应用能力。正如在上面的论证过程中，学生应用了染色体组的概念，利用"染色体组具有物种的特异性，是判断物种亲缘关系的重要依据之一"这一特点，实现了快速、准确地解决问题。

三、高三生物学复习课中论证式教学的基本流程

论证式教学在高三生物学复习课中得到了广泛的应用，能充分调动学生的积极性，提高学生的思维能力，起到良好的教学效果。论证式教学在高三生物复习课中的基本流程如下：

（一）任务准备

"任务准备"阶段要求教师结合课堂主题、课堂预设和课堂动态生成，设计和布置相应的任务。教师可以运用生活中的事实或实例、实验中出现的现象等设计需要探讨的问题及学生需要完成的练习题。通过任务驱动吸引学生的注意力并激发兴趣，引发认知冲突，形成一节课的主题和基调，从而顺利完成论证过程，发展学生的科学思维。

（二）课前预习

"课前预习"阶段要求学生提前思考相关预习内容，并利用证据、推理、主张这三个论证要素来描述任务，尝试解决问题。教师要引导学生预先思考，为进一步展开讨论和论证提供素材。

（三）课堂论证

"课堂论证"阶段是论证式教学的主体。学生根据教师设置的任务和预习中生成的鲜活问题展开论证，教师要重点强调证据的搜寻和推理过程，引导学生利用题干信息、实验现象、教材知识等内容，进行推理和演绎，然后进行学生自评、组间互评和师评，最后得出正确的主张。

（四）课后巩固

在该阶段，教师设计课后作业进一步整理和建构相关概念，并用概念图的形式描绘概念的结构体系。

参考文献

［1］赵瑜.基于科学思维发展的高中生物复习课论证式教学［J］.中学生物学，2019，35（12）：19-21.

［2］陈欣.促进生物学重要概念学习的科学论证式教学［J］.生物学教学，2016，41（12）：25-26.

基于科学论证的高中生物学概念学习进阶的教学策略

四川省成都金堂县淮口中学　唐本华

一、基于科学论证的学习进阶的核心词解读

（一）论证

论证就是在围绕某一论题并立足于科学的基础上去收集证据并进行解释、讨论、分析、评价等一系列活动的方法，在思维的碰撞过程中逐渐得出所有人都能够接受、认可的观点、结论。开启论证活动的必要前提就是围绕主题或问题提出一个观点，然后再基于此进行相关资料收集整理、寻找其中能支撑观点的论据、在讨论与评价时产生质疑、针对质疑开展辩驳活动等环节。

（二）科学论证式教学方法

科学论证式教学方法应用在高中生物学教学中的关键在于组织学生开展与科学家论证模式相似的教学活动，帮助学生在论证过程中逐渐认清生物学科知识的本质、理解抽象的理论观点和实现逻辑思维的发展。

（三）学习进阶

"学习进阶"早期是指学生在学习过程中，对一系列概念连续的、逐渐复杂的思维方式。后来，国内学者认为"学习进阶"是对学生在各学段学习同一主题的概念时所遵循的连贯的、典型的学习路径的描述，一般是围绕大概念而开展的一系列概念序列的学习进阶过程，一般是由简单到复杂的、相互关联的概念序列而组成的进阶学习。

（四）现实意义探索

科学论证和学习进阶在高中生物学课堂中的融合应用，有利于培养学生的科学思维和提升学生的个人学习能力，基于洞察力、逻辑分析、发现问题等能力的科学思维越强，学生的综合能力就越能得到有效提高，进而就越能帮助高中学生更好地应对和突破高中生物学必备知识领域的难点内容。另外，可以把《普通高中生物学课程标准（2017年版2020年修订）》（以下简称《课标》）中对科学思维的强调作为将科学论证与学习进阶应用于教学的关键依据，《课标》中对普通高中学段学生科学思维能力和生物学科核心素养能力的培养要求作出了较为详细的划分和解释，旨在期望学生能从"认识基本概念"逐渐发展到"可以灵活运用生物学科素养、能力解决不同问题"的较高水平层次。因而，可以将《课标》内此部分的理论解释作为培养学生科学论证能力的重要依据之一。

二、基于科学论证的概念学习进阶的教学策略探讨

学习进阶理论强调学生面对某一大概念时，需要经历由浅到深、逐步完善、层层递进的思维发展过程，在生物学教学时，学习进阶要求教师研究同一大概念在各学段中的知识连贯性，在典型的科学学习过程中要围绕大概念学习分层次、分级别进行进阶分析，然后从由简单到复杂的概念序列中收获知识。学习进阶理论在高中生物学教学中的运用要基于学生的基本情况，要符合学生的心智发展与认知规律，更要考虑《课标》的表述及知识概念的体系。在高三年级的复习阶段，融入"概念学习进阶"可以有效帮助学生梳理知识脉络，理顺知识逻辑，理清解题思路，重新建构知识框架，提高复习效率。以下针对科学论证中的"学习进阶"思想，以"减数分裂"的高三复习课为例，探讨此理论应用在高中生物学教学中的具体策略。

（一）科学论证融入概念学习进阶切勿泛化概念

高中生物学教学中对每个大概念进行分解时都要基于课标、教材知识，在分解成下位概念时要仔细研究知识构成要素，分解完成后通过科学、有趣的方式转化成学案与教学设计，这样知识体系就会清晰，知识框架也会更加立体，切不可简单地把一节课的教学或者单纯地将某个生理学习的过程看作"概念教学"。

通过系统分析与比对，最终将"减数分裂"的课程目标定为"遗传信息控制生物性状，并代代相传"。为了进一步理解《课标》的内涵与本质，特以概念结构的方式进行概念的分解，也就是将大概念分为重要概念，分解完成后再进行下位概念解构与要素分析。通过层层分解大概念，将知识落实到每个课堂环节，并配合教学评价的合理使用，这样才能真正将"概念进阶"运用到实处。

（二）科学论证融入概念学习进阶切勿窄化概念

高中生物学教学中融入"概念学习进阶"要基于大概念的内涵理解与外延深化对概念的理解，切忌只停留于表面化学习，将概念窄化。人教版高中生物必修二"遗传与进化"在《课标》的模块2，其中包含两个重要概念，概念1是"有性生殖中基因的分离和重组导致双亲后代的基因组合有多种可能"，概念2是"由基因突变、染色体变异和基因重组引起的变异是可以遗传的"。教师展示"减数分裂"重要概念的具体解构分析，帮助学生理解此概念，进而让学生的思路变得更加清晰。（见表1）

表1 "减数分裂"重要概念的解构分析

重要概念	下位概念	解构	构成要素
有性生殖中基因的分离和重组导致双亲后代的基因组合有多种可能	减数分裂是染色体数目减半的一种分裂方式	减数中"减"的对象	染色体（包含遗传物质）
		减数中"数"的量化	生殖细胞中染色体数目是精（卵）原细胞中的一半
		减数中"减"的机理	染色体复制一次，细胞连续分裂两次
	减数分裂产生的配子具有多种可能性	基因的分离	等位基因随同源染色体的分开而分离
		基因的自由组合	位于非同源染色体上的非等位基因自由组合
由基因重组和染色体变异引起的变异是可以遗传的	基因重组	染色体自由组合	减数第一次分裂后期非同源染色体自由组合
		染色体交叉互换	减数第一次分裂四分体时期同源染色体的非姐妹染色单体交叉互换
	染色体变异	染色体结构变异	减数分裂中产生的易位
		染色体数目变异	减数第一次或第二次分裂中的异常分离

　　要想使学生牢固掌握大概念或重要概念，教师就要引导学生进行概念层级分解，比如概念1的下层分解可以分为下位概念1与下位概念2（详细表述见表1），通过分解为染色体数量减半和子代的基因类型多样化可能，来达成对知识的理解。

（三）科学论证融入概念学习进阶切勿弱化概念

　　在"概念学习进阶"时，过度关注某些生理过程的分解、分析，可能会弱化概念的主动建构和整体理解。因此，教师可以借助思维导图、进阶表等图表形式，对概念进行整体分析。一般需要设置三个水平层级的进阶分析，以"减数分裂"为例，最初水平是对减数分裂的概念与基本过程的理解与认知；中间水平是认识分裂过程中的细胞形态与染色体行为、减数分裂的概念模型与数学模型；最终水平是让学生理解形成配子的多种可能性。三个水平对于学生的能力培养与要求等侧重点是不尽相同的。表2为"减数分裂"概念进阶表，展示了三个水平层级的具体知识与能力要求及所涉及的学科核心素养要求。

表2　"减数分裂"概念进阶表

进阶水平	具体水平描述	能力和学科核心素养要求	
最初水平	水平1	有性生殖的生物通过减数分裂形成染色体数目减半的成熟生殖细胞；一个精原细胞经减数分裂最终形成4个精细胞；一个卵原细胞经减数分裂最终形成一个卵细胞和3个极体	理解能力；科学思维能力
中间水平	水平2	减数分裂过程中染色体行为的变化（同源染色体分离、非同源染色体自由组合、交叉互换、基因重组、染色体变异）	理解能力；获取信息能力；科学思维能力
	水平3	减数分裂过程图（精子与卵细胞形成过程图；染色体和DNA数目变化规律曲线图、柱状图）	
最终水平	水平4	减数分裂产生配子的多样性原因的分析与判断；分裂过程中的变异具有遗传性；有性生殖的科学认知	信息筛选与知识分类能力；实验探究能力；科学探究能力与生命观念的建立

143

（四）科学论证与概念学习进阶进行有机融合

以科学论证为手段促进概念学习进阶的实现，科学论证是策略与方式，概念进阶是目标与结果。以减数分裂为例，进一步表示概念学习进阶与科学论证之间的关系（见图1）。

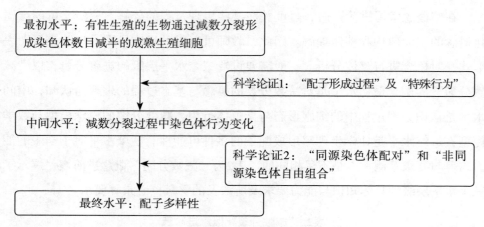

图1　科学论证与概念学习进阶的有机融合

接着，以减数分裂为例，具体分析科学论证与概念学习进阶的有机融合。

首先，精卵结合形成体细胞，那么配子中染色体数目一定要减半，否则受精卵中的染色体数会成倍增加，由此整理出论证过程。（见图2）

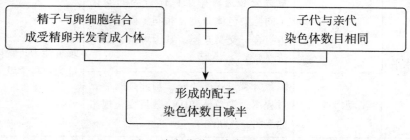

图2　染色体数目减半的论证

其次，以常用的图尔敏论证模型对染色体数目减半进行论证（见图3），让学生理解有些论证能提出限定条件和反驳。反驳是对反例、例外的考虑，由于例外的存在，需要通过对结论进行限定以加强主张。同时指出，该论证模型较为复杂，不是每个论证都能提出反驳和限定条件，后面的论证主要用到论证的基本结构。（见图3）

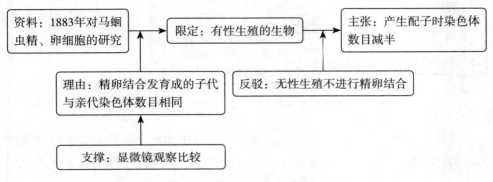

图3　图尔敏论证模型对染色体数目减半的论证

通过图3的论证，学生能够达到最初水平：有性生殖的生物通过减数分裂形成对染色体数目减半的成熟生殖细胞的认知，且能让学生熟悉论证的基本要素，对论证的模型有一个循序渐进的了解，为以后的深入学习奠定基础。

科学史论证：Sutton将用来做实验的笨蝗（具有染色体大、形态差异大、易观察等特点）性别决定为XO型，雄蝗虫的性染色体只有一条X染色体。1913年Sutton的师妹Carothers发现，笨蝗有一对同源染色体大小不等，她观察统计了300多个减数第一次分裂后期的细胞，发现这条X染色体与那对大小相异的同源染色体组合分到一极的比例接近1∶1。学生阅读分析科学史提供的数据、资料进行论证（见图4），得出同源染色体是随机分向两极的结论。教师再以人的23对染色体为例，引导学生思考"随机分离"与父本和母本的染色体"一分为二"的区别，得出前者产生2^{23}种配子，后者产生2种配子，理解产生配子多样性和雌雄配子随机结合产生后代的多样性。此时，出示交叉互换后产生配子的示意图（见人教版必修2第18页），引导学生类比推理染色体配对和交叉互换的意义，配对时同源染色体排列在细胞中央的赤道板上，有利于同源染色体分离，交叉互换与非同源染色体自由组合都有利于配子多样性的产生。

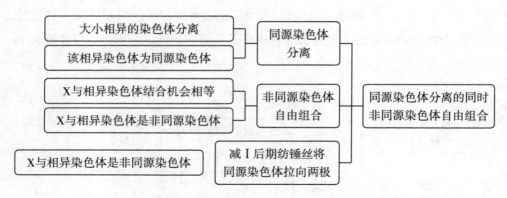

图4   同源染色体分离及非同源染色体自由组合的论证

这样，学生以科学论证的方式，进一步实现中间水平减数分裂过程中染色体行为变化到最终水平：形成配子多样性的概念，理解减数分裂的方式产生配子的多样性，增加了遗传变异的可能性，为进化提供原材料。

三、教学反思

科学论证式教学考验教师的课堂把控能力及教师思维的缜密程度。要求教师对主张、理由、支持、反驳等进行区分和清晰表述，避免语言混乱导致学生思维混乱；要重视问题情境的设置，使学生产生认知冲突，从而产生强烈的论证愿望；要重视论证方法的训练，利用可能的机会进行引导和练习，使学生接受和熟悉科学论证的方法；要避免教师引导不到位而使学生对科学论证产生茫然，导致课堂变成"教师的论证"。

综上所述，教师在教学中应当明确自身在培养学生科学论证能力方面的重要价值，基于对科学论证式教学方法与概念学习进阶的充分认知，能够在教学中根据具体教学任务灵活运用此方法来锻炼与提升学生的科学思维能力。

参考文献

［1］赵沛荣，张志祥. "基因对性状的控制"一课的论证式教学设计
　　　［J］. 生物学教学，2021，46（4）：39-41.

［2］洪海鸾. 论证式教学在"生态系统的能量流动"中的应用［J］. 宁德
　　　师范学院学报（自然科学版），2019，31（1）：84-88.

在概念学习进阶中发展学生的
生物学学科核心素养

——以"光合作用的探究历程"为例

四川省成都市中和中学 　李 　倩

"说明植物细胞的叶绿体从太阳光中捕获能量，这些能量在二氧化碳和水转变为糖与氧气的过程中，转换并储存为糖分子中的化学能"（以下简称"光合作用"）是高中生物必修课程大概念"细胞的生存需要能量和营养物质"下的一个次位概念。关于这一概念，教材中有专门的光合作用科学史的介绍，生物科学史不仅能帮助学生了解生物学的知识和规律，还能够发展学生的科学思维，开阔学生的视野，激发学生的学习兴趣，为学生接下来的学习打下良好的基础。不同学段课程标准对"光合作用"的要求不同，小学学段只要求学生通过学习了解绿色植物在地球上存在的意义；初中学段要求学生能够简述植物能利用太阳能，将二氧化碳和水合成储存能量的有机物，同时释放氧气；而到了高中学段，要求学生能阐明光合作用的物质转变和能量转换的过程，能解释叶绿体结构与功能的关系，并能够基于特定的科学史，采用归纳与概括、演绎与推理等方法，以文字或图示的形式概括光合作用的过程。随着学段的提高，学习内容逐渐扩展和深化，对学生的要求也逐步提高。基于此，教师利用光合作用的科学史，逐步引导学生完成对"光合作用"这一概念学习进阶的建构，并在此过程中发展学生的科学思维，促进学生形成结构与功能观。

一、重温科学实验，发展科学思维

对比分析初、高中生物教材中关于光合作用科学史的介绍，发现科学家普利斯特利、英格豪斯、萨克斯的实验在初、高中教材中都有介绍，足见其在光合作用探究历程中的重要地位，重复出现一定不是意味着简单的回顾和复习，那么，怎样在高中生物课堂教学中用好这些素材从而实现概念学习的进阶？高中学段实际上是要借助这几则科学史，在学生已有的学习经验的基础上，通过设计活动进一步发展学生的科学思维。

现以普利斯特利的实验为例阐述具体的教学策略。教师组织学生在实验室利用蜡烛、盆栽的薄荷植株、玻璃钟罩重复普利斯特利的部分实验。学生设置了两个实验组，甲组将点燃的蜡烛置于密闭的玻璃钟罩中，乙组将点燃的蜡烛和盆栽的薄荷植株一起置于密闭的玻璃钟罩中，两组使用的玻璃钟罩和蜡烛的规格完全相同，分别记录两组实验中蜡烛燃烧的时间。第一次实验结果显示，甲组蜡烛燃烧的时间比乙组长，这与学生预期的实验结果相反。学生分析认为可能是玻璃钟罩的气密性不好导致的，经检查证实实验所用的玻璃钟罩的气密性没有问题，于是他们打算再做几次实验，在之后的实验中学生给钟罩下沿涂了一层厚厚的凡士林，以保证下沿不会漏气。为使实验结果更具说服力，学生一共重复了三次实验。实验结果（见表1）表明：乙组蜡烛燃烧的时间均少于甲组蜡烛燃烧的时间。这样的实验结果与普利斯特利的实验结果截然相反，在学生之间引发了激烈的讨论，他们提出了以下三种可能的原因：

（1）实验是在冬季的一天16：30进行的，当日是阴天，气温是13℃，在低气温、弱光照的条件下薄荷叶片的光合作用很微弱，不足以更新空气，反而使空气更污浊。

（2）玻璃钟罩里的空间是有限的，与甲组相比，乙组放置的盆栽植物本身就要占据相当大的空间，这使得乙组钟罩内的气体总量少于甲组。

（3）实验所用的薄荷植株的叶片较小，其进行光合作用更新空气的能力非常有限。

学生表示很愿意继续设计实验，探究导致出现表1中实验结果的主要原因。

表1　重复普利斯特利部分实验时记录的蜡烛燃烧时间

组别	甲组（蜡烛）	乙组（蜡烛+薄荷幼苗）
1	57秒	51秒
2	1分27秒	1分钟
3	1分52秒	1分5秒

由此可见，不论是实验中去质疑、检验和提高装置的气密性，还是针对实验结果的讨论分析，学生自身的实践能力、观察能力、分析和解决问题的能力以及批判性思维能力均在实验的过程中得到了提高，这正是高中生物学在培养学生科学思维和科学探究能力方面应该达到的教学目标。在此过程中，教师需要引导学生设计实验方案，为学生实验的开展创造条件，在实验过程中给予学生适当的点拨，解答他们的疑惑，往往能收到意想不到的教学效果。因此，建议并呼吁一线教师尽量创造条件让学生走进实验室去动手做实验，在这个过程中科学思维的发展、科学探究能力的培养就成了水到渠成的事。

二、分析经典实验，形成生命观念

围绕光合作用这一概念，学生通过初中的学习，已经知道了植物细胞因为具有叶绿体所以可以进行光合作用，通过必修一第三章的学习学生进一步明确了叶绿体的结构和功能。叶绿体的功能到底是如何被发现的？它的结构与功能之间又有着怎样的联系？这是学生通过本节学习要解决的概念学习进阶的内容。

教师利用德国科学家恩格尔曼的实验材料，通过层层递进的问题引导学生对实验进行分析：

（1）实验中好氧细菌的作用是什么？实验结果中好氧细菌集中于什么部位？这能说明什么？

（2）恩格尔曼选用水绵做实验材料有哪些好处？

学生通过讨论分析能较为顺利地回答出上述两个问题，在分析过程中他们感受到了选择恰当实验材料和设置巧妙的对照实验对实验取得成功的重要性。通过上述实验分析，学生能够概述出光合作用的场所是叶绿体。

接着，教师利用一连串的问题启发学生的思考：

（1）光合作用为什么要在叶绿体中进行？学生通过分析回答：因为叶绿体中含有捕获光能的色素和进行光合作用所必需的酶。

（2）光合作用一定要在叶绿体中进行吗？学生联系已学知识回答：光合作用不一定在叶绿体中进行，蓝藻没有叶绿体也能进行光合作用。

（3）蓝藻没有叶绿体为什么还能进行光合作用？学生回答：因为蓝藻细胞中含有藻蓝素和叶绿素，所以可以进行光合作用。教师点拨：仅有光合色素就具备进行光合作用的能力吗？学生补充回答：还需要有相关的酶。

（4）判断细胞或生物体是否能进行光合作用的依据是什么？学生总结后回答：细胞中是否含有光合作用所必需的色素和酶。最后教师展示绿叶海蜗牛、绿眼虫等动物的照片，并介绍这些动物变为绿色的原因是其体内含有叶绿体。接着追问：

（5）动物一定不能进行光合作用吗？学生回答：体内含有叶绿体的动物可以进行光合作用。至此，学生对"植物细胞利用叶绿体进行光合作用"的认识得到了拓展与升华。

在上述思辨过程中，学生对进行光合作用的场所的认识经历了一系列的概念进阶：叶绿体是植物进行光合作用的场所→光合色素和相关的酶是叶绿体进行光合作用的物质基础→没有叶绿体，但含有光合色素和相关的酶的蓝藻可以进行光合作用，含有叶绿体的动物也可以进行光合作用→只要具备光合色素和相关的酶，细胞或生物体就具备进行光合作用的能力。每一步概念进阶的实现都是学生基于生物学事实和证据进行归纳与概括、演绎与推理的结果，学生也逐渐形成了与光合作用有关的结构与功能观。

三、呈现最新研究，树立社会责任

当今时代是生物科学飞速发展的时代，科学的发展会促进技术的革新、推动社会的进步。科学家研究光合作用的脚步从未停止，对光合作用的深入研究有望帮助人类解决粮食危机、碳中和等世界性难题。

教师通过新闻视频向学生分享我国科研的重大喜讯：2021年9月，中国科学院天津生物技术研究所的科学家历经六年的时间，在自然光合作用的基础上，找到了人工合成淀粉的路径，在国际上首次在实验室实现了二氧化碳到淀粉的从头合成，为农业生产、工业生物制造提供了新的途径，也为应对粮食危机、二氧化碳的转化利用等世界性难题提供了新的解决思路。通过观看这则新闻报道，使学生认识到光合作用不仅可以不依赖叶绿体这一结构，还可以直接摆脱细胞结构的束缚，直接在反应容器中发生，这一技术上的突破离不开科学家对光合作用原理的不断探索。

对于光合作用最新研究成果的了解，旨在引导学生从主流媒体获取正确的资料和信息，有利于学生正确、客观地认识生物技术所取得的成就，有助于他们理性地以造福人类的态度和价值观参与相关的社会议题的讨论，为今后继续深造和走上社会奠定基础。

参考文献

[1] 中华人民共和国教育部.普通高中生物学课程标准（2017年版2020年修订）[M].北京：人民教育出版社，2020.

[2] 胡思杰.运用论证式教学策略进行高中生物科学史教学的实践研究[D].南充：西华师范大学，2019.

例谈质疑和辩驳在概念教学中的应用

——以"孟德尔的豌豆杂交实验（一）"为例

四川省成都市树德中学　王阳兰

质疑和辩驳是论证式教学的核心环节。论证式教学以图尔敏论证模型为基础，倡导将科学论证引入课堂，让学生像科学家一样去经历提出假说和论证假说的过程。在概念教学中融入论证式教学，引导学生在面对质疑和反驳时，利用有理有据的推理和论证去修正和完善原始主张，通过顺应和平衡去解决认知冲突，从而促进科学概念的建构，发展科学思维。

"质疑"就是提出疑问，"辩驳"就是提出理由或证据来反驳对方的意见。科学论证不仅需要支持性证据的解释，还要经得起反驳性证据的质疑。论证式教学中的辩驳来源于对原始主张合理性的质疑，或由新证据而引发的反思。辩驳的关键在于有力的证据与缜密的推理，既捍卫自己的主张，又否定他人的主张。质疑和辩驳是理性思维的智慧交锋，是科学思维的精彩绽放。在概念教学中引入质疑和辩驳，能够促进概念转化和推动概念学习进阶，有利于明确概念的内涵和外延。

一、质疑和辩驳促进概念转化

概念转化是指从前概念转化为科学概念的学习途径。概念转化的前提是暴露学生的前概念，契机是形成认知冲突，动力则是质疑和辩驳。下面以"生物的性状是由遗传因子决定的"概念为例，阐述从融合遗传到颗粒遗传的概念转化策略。

第一，通过举证，暴露前概念。请学生以自己和父母为例，推测性状遗传的规律。学生举证子女身高、智商等介于父母之间，红花与白花子代为粉花等事实，暴露出融合遗传的前概念。

第二，质疑前概念，引发认知冲突。引导学生对前概念提出质疑：所有遗传现象都符合融合遗传吗？学生举证不支持融合遗传的事实，如双眼皮和美人尖的遗传等。由此，学生产生认知冲突。

第三，寻找新证据，修正主张。通过搜新证，学生发现孟德尔一对相对性状的杂交实验不支持融合遗传的主张。由于高茎和矮茎的杂交子代全为高茎，说明遗传物质并没有融合，而是像颗粒一样保持了独立性和完整性。由此，学生修正主张为颗粒遗传。

第四，质疑新主张，建构科学概念。学生对新主张颗粒遗传仍存有质疑：颗粒遗传能解释融合遗传现象吗？学生在学习分离定律后，提出不完全显性、共显性、多对遗传因子共同控制等假说。教师可以引导学生继续查阅文献，补充支持性证据，如金鱼草花色的遗传、人的肤色遗传等。用新主张解释融合遗传现象，学生能够彻底摒弃前概念，经由概念转化，建构科学概念。

可见，概念转化始于对前概念的质疑，在举证、推理和辩驳的推动中完成科学概念的建构。概念转化的关键在于用科学概念重新解释前概念的支持性证据。学生学习经验有限，可以在教师引导下补充事实证据和理论依据。

二、质疑和辩驳推动概念学习进阶

概念学习进阶是指对学生学习概念时所遵循的连贯的、典型的学习路径的描述。基于科学论证，将学生的概念学习进阶划分为5个水平。表1以"分离定律"概念学习进阶为例：

表1 "分离定律"概念学习进阶路径表

进阶水平	概念建构目标
水平1：事实经验	概括孟德尔一对相对性状的杂交实验
水平2：映射	认同生物性状由遗传因子决定且体细胞中遗传因子成对存在
水平3：关联	明确性状分离与遗传因子的分离有关
水平4：概念	阐明分离定律的内涵与外延
水平5：整合	铺垫分离定律与减数分裂、受精作用的关系

学生概念学习进阶的起点是融合遗传的前概念，终点是建构重要概念：阐明有性生殖中遗传因子的分离使得子代遗传因子组成和表现型有多种可能。其中，概念学习进阶水平1、水平2侧重学生表达观点和提出主张的能力，水平3侧重基于证据推理的能力，水平4、水平5侧重辩驳和论证的能力。由融合遗传与颗粒遗传的冲突推动从水平1向水平2的进阶，由遗传因子是否分离的争议推动从水平2向水平3的进阶，由分离定律支持性和反驳性证据的交锋推动从水平3向水平4的进阶，由对分离定律分子基础和细胞基础的质疑推动从水平4向水平5的进阶。冲突、争议、交锋与质疑推动概念学习进阶，基于科学论据的辩驳促进科学概念建构。

三、质疑和辩驳有利于厘清概念的内涵

概念的内涵是指反映在概念中的对象的本质属性。内涵是对概念"质"的规定，即概念是什么。在概念教学中，学生不是在被动地接受概念，而是在先前学习经验的基础上去内化和建构概念。个性化的思维方式造就了多样化的学习路径，并有可能导致对概念内涵的错误理解或模糊接受。在概念建构的过程中引入质疑和辩驳环节，有利于学生在唇枪舌剑和举证推理中厘清概念的内涵。下面以分离定律的下位概念"体细胞中控制同一性状的遗传因子是成对存在的"为原始主张，阐述如何厘清该概念的内涵。

首先，质疑原始主张的合理性。引导学生对上述原始主张的合理性提出质疑，并提供反驳性证据。学生提出质疑：控制同一性状的遗传因子一定成对存在吗？反驳性证据为人类ABO血型由三种遗传因子控制。

其次，寻找新论据，对原始主张进行辩驳。通过搜集新证，学生为原始主张提供支持性证据：人类和豌豆的染色体均成对存在。在双方辩驳中，学生发现分离假说中"成对存在"的前提是"体细胞中"，进而达成共识：控制同一性状的遗传因子可能有多种，但体细胞中只含有其中的两个。

再次，质疑原始主张的合理性。学生提出新质疑：体细胞中控制同一性状的遗传因子可能是三个及以上吗？反驳性证据为唐氏综合征21号染色体上的遗传因子为三个。

最后，再寻新论据，对原始主张进行辩驳。通过再搜新证，学生为原始

主张补充支持性证据：一是以自然选择学说为论据，认为三个及以上的遗传因子可能导致物质和能量的浪费；二是以奥卡姆剃刀原则为论据，认为"若无必要，勿增实体"，若两个足以解释，则三个及以上是不必要的。教师提供补充资料，展示大多数动植物的染色体均成对存在。在思维交锋中，学生逐渐达成共识："成对存在"是运用不完全归纳法得出的普遍性结论，仍存在少数生物例外。

以上对原始主张合理性的质疑和辩驳，主要源于对概念前提的忽略和对不完全归纳法的误解。学生在质疑中暴露出错误概念的形成原因，在辩驳与举证的交锋中发现逻辑漏洞，进而基于事实和理论证据厘清概念的内涵。

四、质疑和辩驳有助于明确概念的外延

概念的外延，是指具有概念所反映的本质属性的对象。外延是对概念"量"的规定，即概念所指的是哪些对象。明确概念的外延，即界定概念的限定条件。所谓"定律"，也并不是放之四海而皆准的，分离定律亦不能解释所有生物的遗传现象。明确概念的外延，是运用分离定律解决遗传问题的前提。下面以分离定律为例，阐述如何明确该概念的外延。

首先，质疑主张的合理性。引导学生对分离定律的适用范围提出质疑。质疑一：遗传因子一定"成对存在"吗？质疑二：生物一定能"形成配子"吗？质疑三：形成配子时，遗传因子一定平均分配到子细胞中吗？

其次，明确概念的限定条件。质疑不是空穴来风，应鼓励学生在质疑的同时提供反驳性证据。质疑一的证据为原核生物、病毒的遗传因子不是成对存在的；质疑二的证据为分裂生殖、出芽生殖、营养繁殖等无性生殖不产生配子；质疑三的证据为叶绿体、线粒体的遗传物质不能均分。

基于以上质疑和举证，学生经讨论明确了分离定律的限定条件为真核生物、有性生殖、细胞核遗传因子。在概念建构过程中，反驳性证据和支持性证据同等重要。通过搜集反驳性证据，在试错中明确概念的外延，从而明晰概念的限定条件和适用范围。

综上所述，质疑和辩驳是科学论证的关键，是批判性思维和科学理性思维的集中体现。在概念教学中引入质疑和辩驳，引导学生基于证据提出质疑，通

过举证、推理、辩驳去检验概念的合理性。概念的建构不是被动地接受，学生在为自己的主张进行辩驳时，能够加深对科学概念和科学本质的认识，实现概念学习进阶，进而发展学科核心素养。

参考文献

［1］冯春艳，陈旭远.国外科学概念转变教学研究：模式，策略及启示［J］.理论月刊，2021.

［2］刘晟，刘恩山.学习进阶：关注学生认知发展和生活经验［J］.教育学报，2012，8（2）.

［3］弭乐，郭玉英.基于整合的进阶式教学设计研究——以概念进阶与论证进阶为例［J］.物理教师，2021，42（1）：7.

［4］普通逻辑编写组.普通逻辑［M］.上海：上海人民出版社，1979.

生物学概念学习思维进阶的逻辑建构

——以"DNA的结构"为例

成都市铁路中学校　杨 严

思维进阶依据学生思维发展规律，有针对性地通过多种方法培养学生的思维能力，促进学生的思维结构、思维技巧、思维品质和思维方式向高层次发展，实现思维能力由低阶向高阶的发展。思维进阶描述了由简单到复杂的思维发展过程，组成要素包括：①进阶起点：即学生在学习新的概念之前已经具备的生活经验或者前概念；②进阶终点：指通过思维进阶学生应达成的知识理解程度；③思维水平：即学生对某个概念的理解过程中所经历的多个相关联的中间阶段；④评价设计：即通过多种方式对概念学习思维进阶的过程进行检测。本文以人教版高中生物必修2"DNA的结构"为例，探索生物学概念学习思维进阶的逻辑建构。

一、厘清概念学习思维进阶的起点与终点

（一）概念学习思维进阶的起点

学生在进行课堂学习之前基于生活经验已积累了一些前概念，这些前概念有的是科学的，有的是片面或完全错误的，这便是概念学习思维进阶的起点。学生在必修1已经学习了核酸的知识，已对DNA分子的组成元素、基本单位和DNA的单链结构有所了解。学生已具备的前概念是"DNA是主要遗传物质"，但不清楚DNA分子储存遗传信息的机制，这就为"DNA的结构"的学习提供了起点。

（二）概念学习思维进阶的终点

概念学习思维进阶的终点是指通过思维进阶，学生应达成的知识理解程度，以及对能完成的任务表现的概述。本节思维进阶的终点体现在：阐明DNA分子所具有的结构特点，进一步树立"结构与功能相适应"的生命观念；运用DNA分子的特异性解决实际问题，培养学生的社会责任感。

二、确定概念学习进阶的思维水平

学生对某个概念的理解过程会经历多个相关联的中间阶段，逐步实现思维由低阶到高阶的转变。首先分析教材知识内容，根据《普通高中生物学课程标准（2017年版2020年修订）》的要求，将"DNA分子的结构"所涉及的基本概念和事实性知识用陈述句的形式进行表述，对概念和事实性知识进行思维水平的划分，从而建构出"DNA的结构"概念学习思维进阶水平（见表1）。

表1 "DNA的结构"概念学习思维进阶水平

本节概念	概念学习思维进阶水平	
	思维水平	具体内容
亲代传递给子代的遗传信息主要编码在DNA分子上	水平一	知道每个人的DNA不同；DNA是主要的遗传物质，包含大量遗传信息
	水平二	知道DNA分子的组成元素是C、H、O、N、P，DNA的基本单位是脱氧核苷酸，含有四种碱基分别是A、T、C、G，且能够分析脱氧核苷酸是如何构成的 知道多个脱氧核苷酸可以连接成一条脱氧核苷酸单链
	水平三	掌握DNA分子由两条链构成，两条脱氧核苷酸长链按照反向平行方式盘旋成双螺旋结构 分析资料得出DNA分子中的脱氧核糖和磷酸交替连接排列在外侧，构成基本骨架；碱基排列在内侧 通过资料和数据分析概括出碱基配对的规律；根据碱基配对情况推测出DNA分子的结构特点
	水平四	通过模型与建模，阐述DNA分子的多样性、稳定性和特异性；运用DNA分子的特异性解决生活问题

三、实现概念学习思维进阶的具体策略

传统的生物学教学策略常采用讲授式，语言简洁直白，未充分考虑对学生思维能力的培养。为了实现学生思维能力的培养，根据概念学习进阶的思维水平的划分，可以通过问题驱动、创设丰富多样的情境、建构模型等策略，引导学生主动参与，实现学生的思维从低阶迈向高阶。

（一）创设概念学习思维进阶情境

创设贴近生活的学习情境，引导学生主动思考，激发学生的学习兴趣和好奇心。引入环节展示亲子鉴定的生活实例，提出问题：

（1）为什么采用DNA比对来确认亲子关系？

（2）DNA分子是怎样储存遗传信息的？

从生活情境出发，贴近学生生活，引导学生思考DNA和亲子鉴定的联系。学生分析提出，只有清楚DNA分子的结构，才能明确DNA分子是怎样储存遗传信息的。DNA如此重要，那它到底是一个怎样的分子呢？

播放DNA结构发现的科学史，创设情境，让学生通过视频直观感受X射线衍射法的原理，了解沃森和克里克的探索之路经历了建构不同模型的过程，从三螺旋到双螺旋模型，沃森和克里克结合其他科学家的研究成果进行了不断修正。学生通过小结科学史，逐步认同DNA双链结构。

（二）搭建概念学习思维进阶脚手架

教学"脚手架"是联系已有知识和新知识的桥梁，是由思维进阶的起点达到终点的阶梯。发挥脚手架的作用，不停地将学生的思维从一个较低水平引导到另一个更高的水平。DNA规则的双螺旋结构是如何一步一步建构出来的？可以通过问题驱动来搭建"脚手架"，在解决问题的过程中学生从水平二"知道DNA的基本单位是脱氧核苷酸"进阶到水平三"掌握DNA分子的双螺旋结构"，具体见表2。

表2 "建构DNA双链"的问题链——搭建"脚手架"

教师提问	学生活动
分析沃森和克里克建模之路,提问:沃森和克里克提出DNA由几条链构成?	讨论科学史后说出三螺旋结构;修正模型后提出DNA双链结构
DNA双链平行排列的方式可能有哪些?	讨论后推测DNA双链的三种排列方式
呈现资料:脱氧核糖和磷酸基团具有亲水性,而碱基具有疏水性,DNA双链正确的排列方式是什么?	讨论:脱氧核糖和磷酸基团交替连接排列在外侧,碱基排列在内侧
呈现资料:富兰克林研究提出,DNA分子水平旋转180°之后,仍和原来一样。提问:DNA的两条单链如何排列?	讨论分析,结合模型,归纳出DNA双链排列呈现反向平行

　　明确了DNA双链中脱氧核糖和磷酸基团交替连接排列在外侧,碱基排列在内侧后,提出进一步思考:DNA两条链内侧碱基如何配对?在学生推测碱基配对的情况后,教师展示学生课前制作的DNA分子模型中的碱基配对部分,小组互评该碱基配对是否科学。通过对比模型,学生发现如果碱基随意配对会导致DNA分子的直径不统一,这样的DNA分子不稳定。该环节通过模型建构来搭建"脚手架",结合DNA分子模型,追问学生如何配对才是科学的。展示化学家查哥夫的实验数据,他对多种生物DNA做了碱基定量分析,学生讨论分析表内数据,归纳得出DNA碱基配对的规律:A和T配对,C和G配对。

(三)概念学习思维进阶评价设计

　　完整的教学活动离不开科学的评价,在完成DNA分子双链的建构后,学生进行模型展示与评价。通过评价检测学生对生物学概念的理解情况,展示学生的思维进阶状况。各小组参考评价标准表(见表3)进行小组互评,按此标准给模型打分,并说明打分理由。通过对DNA分子模型的评价,学生能够从DNA分子的结构归纳出DNA分子的多样性、稳定性和特异性,实现从水平三到水平四的思维进阶。

表3 DNA分子模型评价标准表

评价指标	DNA分子模型建构关键点	评价标准	满分
科学性准确性	一条链上核苷酸如何连接	磷酸二酯键连接正确，且稳定	2
	DNA是单链还是双链	体现稳定性	2
	碱基在内侧还是外侧	碱基在内侧	2
	碱基之间是怎么连接的	体现氢键，A、T间两个氢键，C、G间三个氢键	4
	DNA分子的立体结构	是否螺旋化，体现立体结构	4
创意度			2
经济性			2
艺术性			2
总分			20

"DNA分子的结构"通过确定生物学概念学习思维进阶的起点，在每一个思维水平中选择合适的教学策略，引导学生达到潜在的发展水平，走向进阶终点，实现生物学概念学习思维进阶的逻辑建构。利用思维进阶设计概念教学，立足教材创设情境，发展学生的科学思维，可以帮助学生在有限的学习时间内，掌握生物学科重要的概念，提高学生的生物学学科核心素养，为学生的全面发展打下坚实基础。

参考文献

楼松年.思维进阶视阈下物理模型学习引导路径探索——以"质点"模型教学为例［J］.物理教师，2021，42（9）：5.

融合科学论证的高中实验教学的实施策略

——以"探究酵母菌细胞呼吸的方式"为例

四川省成都市石室天府中学　易　莎

生物学是研究生命现象和生命活动规律的科学，它既有结论丰富的知识体系，也包含一些特有的思维方式和探究过程。生物学课程要求学生主动参与学习，在亲历提出问题、获取信息、寻找证据、检验假设、发现规律等过程中习得生物学知识，养成科学思维习惯，形成积极的科学态度，发展终身学习及创新实践能力。科学本质阐明学科所具有的基本特征，将科学论证融入高中生物学实验教学中，整合资源优化教学，促进学生科学思维发展，帮助学生深入理解生物学学科的科学本质。

一、明确教学思路，做好教学设计

（一）分析学情明确思路

"探究酵母菌细胞呼吸的方式"是人教版高中生物学教材必修1《分子与细胞》第5章第3节"细胞呼吸的原理和应用"中的探究实验。学生已具备细胞器（主要是线粒体的结构和功能）等相关知识，为学习本节内容奠定了基础。教师结合学情，基于科学论证整合教学资源，将教材资料和生活素材联系在一起。首先，在开展实验教学前引导学生自主思考，做好铺垫；接着，引导学生构思实验设计并开展实验论证，从而建构细胞呼吸的概念；最后，通过课后延伸拓展，提升学生的探究能力，增强学生的学习兴趣。

（二）实验论证扩展思维

通过生活情境和趣味活动，引发学生对酵母菌呼吸条件和产物的思考。学生根据现实情境或资料，经大胆猜想、科学推理提出"主张"，进而实施探究实验进行论证。学生亲身实践，发现实验中的问题，探讨实验装置的改进。通过实验结果支持或质疑已提出的"主张"，经修正完善后得出相应结论，对呼吸作用反应式进行修改和补充。学生在实验过程中获得了直接经验，提高了探究能力，发展了科学思维。

（三）课后延伸"再论证"

通过设计相关课后活动扩展教学宽度。将课后的实验或科学小活动作为科学论证的"再论证"环节，将课后活动的结果作为论据修正"主张"并完善结论。根据实践经验和小组讨论，优化实验设计，实现有效的实验探究，培养科学思维。

二、融入科学论证，优化实验教学

（一）设计课前活动

通过源自生活的课前活动，引入教学主题。课前活动为观察酵母发面，该活动操作步骤简单，学生能够自主完成。活动材料为酵母粉、面粉、温水等。活动步骤为用温水化开的鲜酵母发一块面团，静置几小时后，观察面团变化并记录。学生通过比较面团发酵前后的变化，发现面团会逐渐膨大；观察面团内部，可以看见蜂窝状的空隙，还能闻到酒味和特殊的香味。

通过课前活动引发学生思考：为什么用酵母发面做成的面包松软而美味？学生根据现象"面团内部有蜂窝状空隙"，结合已有知识和生活经验，推测酵母菌呼吸产生了气体。基于学生初中学段对"呼吸"概念的初步理解及查阅资料，推测产生的气体是二氧化碳。根据现象"闻到酒味和特殊香味"，推测酵母菌呼吸还可能产生乙醇等物质。接着，教师引导学生继续思考二氧化碳、乙醇等产物是在何种条件下产生的，并结合化学学科知识，初步尝试写出反应式。由此，学生初步形成观点，接下来通过实验进行论证、补充、修改，逐步完善观点。

（二）实验推理论证

通过探究酵母菌的呼吸方式，认识酵母菌有氧呼吸和无氧呼吸的条件与结果，进一步探寻呼吸作用的实质。根据酵母菌所处的环境条件，推测可能进行有氧呼吸和无氧呼吸。教师引导学生对实验的自变量、因变量、无关变量进行分析，并讲解产物的检测方法。学生继续思考如何设置有氧呼吸组和无氧呼吸组。学生利用实验装置进行实验操作，观察现象并提出问题，在教师引导和有效提问的基础上层层推进，理解科学本质。实验过程中，学生通过对反应物、反应条件和产物的认识，对前期推测的呼吸作用的反应式进行修改，根据实验结论进一步分类完善有氧和无氧条件下细胞呼吸的反应式，对前面形成的初步结论进行补充和修订，进一步丰富呼吸作用的概念，修改完善呼吸作用的反应式。课堂实验推理论证的过程建立在正确的实验操作基础上，实施实验需要提前做好各项准备，需充分发挥小组合作学习的作用，避免因盲目动手实验而降低教学的有效性。

（三）课外延展实践

结合选修内容"果酒和果醋的制作"，安排学生尝试制作果酒。教师结合选修教材内容，为学生提供参考资料，说明果酒制作的原理，启发学生设计制作果酒的装置，利用课后或假期的时间尝试完成果酒制作，联系生活实践延伸相关知识，拓展课堂宽度。

在课后实践中，学生分组讨论果酒制作的原理，研究如何控制发酵条件，以及如何改进现有实验装置。教师引导学生聚焦实验中需解决的一些问题：如何确保发酵过程中不受污染？如何控制温度？如何检验果酒制作是否成功？通过问题探讨和原因分析，促进学生自主思考，提升学生的科学思维。将课后活动作为实践论证的论据，再次修正、完善"主张"，最终得到较为完善的观点，体验科学论证融入教学的全过程。帮助学生进一步理解细胞呼吸的概念，加深学生对科学本质的理解。

三、探索论证教学，发展科学思维

在教学中明晰论证过程。探究式教学容易使师生将"动手操作""学生参加活动"等主题作为生物学教学的核心。探究实验教学中融入科学论证，避免了实验中过于注重科学探究的要素、弱化对科学本质的认知等不足。根据图尔敏论证模型，结合本实验的特点，从现实情境或资料中引出论题，学生基于已有知识或资料大胆猜想和推理，提出"主张"；利用实验证据支持或质疑"主张"，得出初步结论；再进一步拓展至课外实践，将实践结果作为论据，修正和完善"主张"。教材的探究实验和科学资料等素材为论证式教学提供了基础材料。对探究过程和实验设计的质疑，有助于学生理解科学本质、发展科学思维。

在论证中培养科学思维。基于科学论证进行实验教学，激发学生主动反思探究目的、探究方法与探究方案的有效性，思考证据能否支撑"主张"等问题。基于学情，发掘兴趣点，点燃思维火花，引导学生联系已有知识大胆论证，启发学生对不同的实验现象或结果进行质疑和思考，加深学生对学科内容的理解，使学生形成严谨的科学态度。学生通过自主探索、大胆尝试和设计实验，能够提高运用知识、逻辑思维、批判性思维的能力，加深对科学知识的理解，培养科学思维。

高中生物探究实验的设计与科学论证的有机融合，还需注入更深刻、更精细的思考和探索。使学生经历类似科学家的论证过程，以促进学生理解科学概念和科学本质，发展学生的科学思维。教师要做好教学反思，理清论证式教学的环节，做好实验教学准备，思考实施过程，关注评价环节。实验设计要具有启发性、适宜性和灵活性。结合每个实验的实际特点，从学生的实际学情出发，寻找学生易于接受的生活素材、选修内容和课外活动，尊重学生的主体地位，结合学生已有知识，明确教学目标，设置实验问题，搭建学生能力培养的阶梯。教师和学生要转变观念、转变做法，将科学论证融入教育教学实践中。在此过程中，师生需要观念上更新、行动上跟进、评价上配套。同时，也需要多学科配合，学校整体联动，创造科学严谨的教学环境，逐步探索，不断前行。

参考文献

［1］中华人民共和国教育部.普通高中生物学课程标准（2017年版2020年修订）［M］.北京：人民教育出版社，2020.

［2］霍静.一起来做高中生物学实验［M］.北京：人民教育出版社，2021.

［3］张锋.高中生物学实验探究与指导［M］.福州：福建人民出版社，2021.

［4］孙瑜.高中生物学论证式教学策略探讨［J］.中学教学参考，2020
　　（11）：2.

［5］刘剑平.高中生物实验教学中论证式教学的实施策略［J］.中学教学参
　　考，2018（29）：2.

［6］张飞.运用论证式教学策略培养学生的科学思维［J］.生物学教学，
　　2019，44（7）：15.

［7］殷俊才.高中生物论证式教学模式的教育价值及适切性［J］.中学生物
　　教学，2016（5）：25.

概念学习进阶与科学论证整合的教学策略研究

四川省成都市玉林中学　周　群

　　《普通高中生物学课程标准（2017年版2020年修订）》将生物学学科核心素养界定为"生命观念""科学思维""科学探究"和"社会责任"四个方面。如何在有限的时间内发展学生的生物学学科核心素养？已有研究表明，从"整合发展"理念出发，建构概念层级和科学论证相互渗透的框架体系，围绕"少而精"的"大概念"进行教学是必然的选择。概念理解的进阶要遵循学生的思维发展路径，而科学论证是培养学生科学思维的一种重要方法。将概念学习进阶和科学论证进行整合，在概念学习进阶的关键节点引入科学史等素材，渗透不同水平、不同形式的科学论证活动，有利于学生建构科学概念、发展生物学学科核心素养。

一、概念学习进阶与科学论证整合的教学理论框架探索

　　北京师范大学教授郭玉英及其团队通过多年研究，构建了"三层级七水平"科学论证能力发展进阶表现框架和由大概念、问题、科学概念、科学论证和整合发展五大部分构成的概念学习进阶与科学论证整合的教学理论框架，如图1所示。柯晓露等人将郭玉英等构建的科学论证"三层级七水平"进阶框架简化为三个层次，在概念进阶节点上通过科学论证进行突破，以实现概念学习进阶和论证能力的协同发展，如图2所示。两个模型均从理论层面阐明了"整合发展"，但是理论框架搭建之后，什么样的教学策略、教学设计才能促进整合教学理论框架有效实施呢？弭乐等人从教学设计着手，开发了基于学习进阶的科

学教育设计模型，即基于进阶的学情分析、学习过程设计、教学开发和反馈四个环节，并在应用中证明了"整合"教学效果优于常规教学。

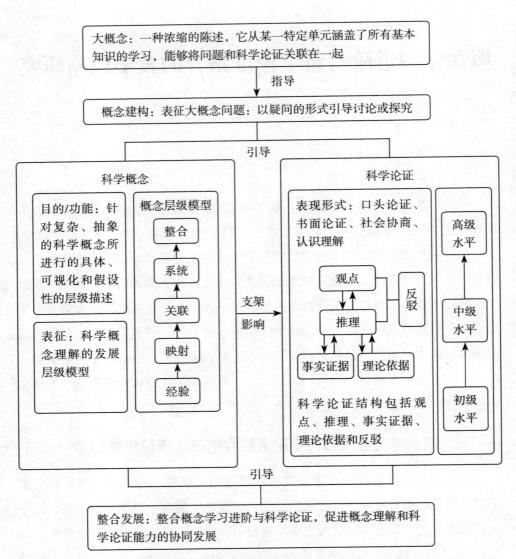

图1　概念学习进阶与科学论证整合的教学理论框架

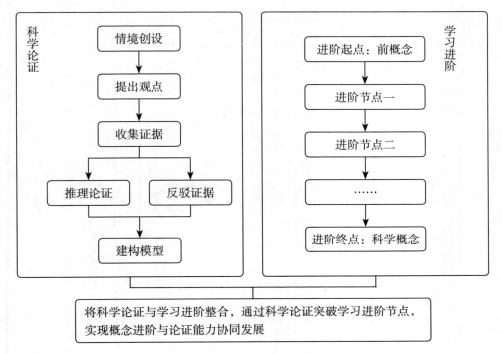

图2　学习进阶与科学论证整合图

二、概念学习进阶与科学论证整合的教学策略研究

笔者所在研究团队从教学策略角度出发，以郭玉英、柯晓露等人的整合理论框架为基础，经过探索实践与总结提炼，构建了概念学习进阶与科学论证整合的教学策略框架，如图3所示。

该教学策略框架以"整合发展"为主线，以"概念发展"和"科学论证"为两翼，以发展学生的生物学学科核心素养为目标，通过建构模型、整合期望、设计教学、实施教学和评价反馈五个环节，让学生经历分析资料、提出观点、推理论证、驳论观点、表征概念等螺旋式上升的学习过程，使学生逐步从经验和事实走向概念和观念，进而实现概念理解和论证能力的协同发展。

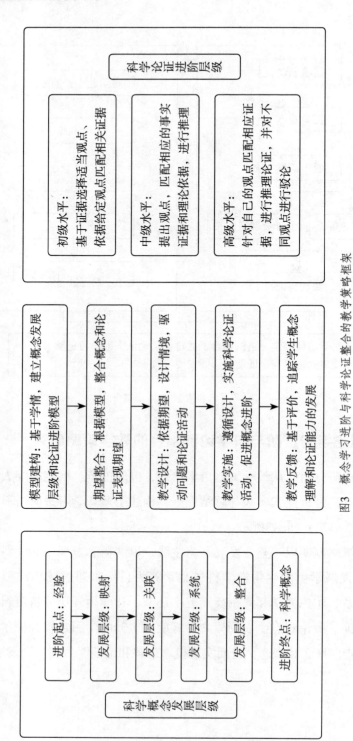

图3　概念学习进阶与科学论证整合的教学策略框架

概念学习进阶与科学论证整合的教学策略与常规教学策略的最大差异在第一和第二环节。第一个环节为建构模型，是整合教学策略的前提和基础，即建构概念发展层级模型和论证进阶发展模型。教师根据科学概念理解下的发展层级模型，将某节教学中的核心概念划分为经验、映射、关联、系统和整合五个层级，并根据解读对每个层级进行具体描述，如表1所示。教师围绕概念的层级进阶，结合科学论证进阶"三个层次"的解读，对论证进阶过程进行具体描述，如表2所示。第二个环节为整合期望，即教师先梳理概念层级和论证进阶的具体表现期望，再将二者进行整合，得到整合后的表现期望。根据整合表现期望和学生学情分析，教师有针对性地设计关键节点的整合论证活动和驱动问题，如表3所示。完成这两个环节相当于绘制了概念学习进阶和科学论证整合教学设计的"蓝图"，教师对每一个进阶层级和论证层次都了然于心，学生通过教师精心设计的论证活动和驱动问题，可能在论证进阶的某个层次上（如中级）与不同的概念发展层级（如关联和系统）组合多次，从而促进概念理解与论证能力呈现螺旋式整合发展。评价反馈是指教师在实施教学的过程中或之后，利用教学评价试题（试题根据整合表现期望开发设计而成）和评价标准等对学生的概念理解能力和论证能力进行测评和反馈的过程。

不同学科中，层级模型既可以用表格形式呈现，也可以用图示形式呈现。例如，李洪霞以"大气的受热过程"的概念教学为例，以"阶梯图"的形式，建构了地理概念与科学论证的进阶模型，吴昌洪等人以"加速度"的概念教学为例，以"表格+图示"的形式，建构了以加速度概念理解发展层级与科学论证发展进阶模型，并据此设计了概念理解进阶与科学论证进阶相整合的论证活动表（见表1）。

表1 概念理解的发展层级模型

层级	层级解读	层级具体描述
经验	日常经验、零散事实	
映射	事实经验与抽象概念建立简单联系	
关联	事实经验与概念的内涵、外延建立具体联系	
系统	从系统层面协调多种要素，形成概念	
整合	建立概念之间的相互联系，形成概念体系	

表2　论证能力进阶发展模型

层次	层次解读	层次具体描述
初级	选择观点或匹配证据的意识和能力	
中级	提出观点，引用事实和理论依据进行推理论证	
高级	批判其他观点，收集证据进行反驳论证	

表3　整合论证活动设计表

概念层级表现期望	论证层次表现期望	整合表现期望	整合论证活动	驱动问题
映射层级	初级水平		活动1	问题1
关联层级	中级水平		活动2	问题2
系统层级	中级水平		活动3	问题3
整合层级	高级水平		活动4	问题4

三、概念学习进阶与科学论证整合的教学策略应用与展望

笔者遵循"先试点后普及"的教学改革基本路径，选取人教版普通高中生物学教科书必修2《遗传与进化》中的"基因和染色体的关系""基因的本质"两个主题单元，开展了概念学习进阶与科学论证整合的教学实践与研究。为了减少无关变量的干扰，实验班和对照班由同一生物学教师执教，使用相同教材、练习册和测试卷，课时数、作业量均相同，不同的是教师在实验班采用整合教学策略，在对照班采用常规教学策略。单元教学和阶段性实验结束后，结合课堂观察量表、课时作业表现、单元测试分析、师生访谈结果等对教学效果进行评价。评价结果表明：第一，课时教学中，学生论证能力提升效益低于概念理解教学效益，实验班与对照班论证能力和概念理解能力无显著差异。第二，单元教学结束后，实验班学生在"提出或匹配观点""寻找理论或事实证据""进行推理论证"等论证要素方面的平均水平优于对照班，但"反驳"论证要素没有显著差异。测评结果同时也反映出，论证能力的发展要滞后于概念理解或知识掌握的发展，书面反驳能力的发展滞后于口头论证能力的发展。测评结果提示我们，论证能力的发展是一个长期的过程，教学中要增加机会，让

学生进行科学、规范的书面推理与论证，用高质量的论证促进概念高水平进阶。另外，论证过程中的观点、理论和事实证据的质量，以及观点与证据的一致性等，对于顺利实现概念的进阶和发展也尤为重要。

综上所述，概念学习进阶与科学论证整合的教学策略为构建教学理论框架提供了脚手架，该教学策略指向性明确，操作性、灵活性、调控性和层次性都较强，五个环节环环相扣、紧密相连，有助于学生在科学论证中形成科学概念、建构概念体系，发展了学生的主动探究、口头论证、书面表征、协商合作等能力，培养了学生的责任意识与科学态度。伴随着整合发展理念的应用愈加广泛和深入，课堂教学中如何促进概念学习进阶与论证实践的深度整合，将是自然科学学科教师下一步关注的重点。

参考文献

[1] 弭乐，郭玉英. 基于整合的进阶式教学设计研究——以概念进阶与论证进阶为例 [J]. 物理教师，2021，42（1）：2-7.

[2] 李洪霞. 培养科学论证能力的地理概念进阶教学 [J]. 地理教育，2021（3）：7-9.

[3] 吴昌洪，梁玉洁，等. 基于整合的进阶式高中物理教学设计——以"加速度"教学为例 [J]. 物理教学，2022，44（5）：11-15.

[4] 弭乐，郭玉英. 概念学习进阶与科学论证整合的教学设计研究 [J]. 课程·教材·教法，2018（5）：90-98.

[5] 柯晓露，宋静. 学习进阶与科学论证整合的物理概念教学 [J]. 物理教学探讨，2020（2）：6-9.

科学论证在科学思维培养中的应用研究

四川省双流中学　李绍奉

　　科学思维是学习、生活和实践中基于生物学事实，运用归纳与概括、演绎与推理、模型与建模、批判性思维等方法，阐释生命现象及规律，论证生物学社会议题的思维习惯和能力。可见科学思维能力特别强调证据与科学结论之间的内在逻辑关系，因此将科学论证融入教学，培养学生使用科学证据的意识和评估证据的能力；运用证据对研究的问题进行描述、解释和预测，并选择文字、图示或模型等方式表达并阐明其内涵；基于证据大胆质疑，培养学生的批判性思维能力，是发展学生科学思维的有效路径。本文尝试将几种常见的科学论证模式应用于概念教学，探讨其在培养科学思维能力中的作用。

一、科学论证教学策略培养归纳与概括能力

　　归纳是指从许多个别的事物中概括出一般性概念、原则或结论的思维方法；概括是指把事物的共同特点归结在一起，加以简明扼要的叙述。可见概括过程中必须借助归纳法，从对个别事物的认识扩展到一般性认识，形成的结论带有普遍性。大量的生物学概念、规律和原理是基于情境与数据，通过归纳一系列事实中的共性，概括事物共性之间的内在联系和本质，用科学准确的语言提炼出来的。CER论证模式是通过推理（Reasoning）构建证据（Evidence）和主张（Claim）之间的联系，其模式如图1。根据资料提供的依据，抽取、分析信息，进行逻辑推理，提炼生物学概念，可以有效培养学生归纳与概括的能力。

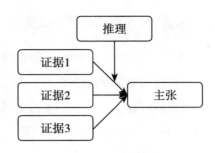

图1　CER论证模式

　　以细胞核的功能为例，学生寻找文本资料中的证据，分析细胞核与代谢和遗传的关系，联系生活实例如疾病预防控制中心、电脑的CPU、作战部队的指挥所等控制中心及作用，类比细胞核在细胞系统中的中心地位，论证细胞核是细胞代谢和遗传的控制中心（见图2）。学生根据资料深度分析、理性判断，从具体到抽象，在归纳与概括中促进概念的生成和深化。

推理1：黑白美西螈核移植后个体的肤色与提供细胞核的个体保持一致；伞藻嫁接实验和伞藻核移植实验说明伞藻的形态构建与细胞核相关，说明细胞核在生物性状的遗传中起着至关重要的作用
推理2：蝾螈受精卵横缢实验说明了细胞核在控制细胞分裂中的重要性；变形虫去核实验和核移植实验则说明了细胞核控制着细胞的代谢、分裂以及生长等生命活动
推理3：细胞作为一个系统也需要像其他系统一样拥有控制中心，该中心在细胞的所有生命活动中起着核心作用。结合细胞核的结构、推理1和推理2可知该中心是细胞核

证据1：黑白美西螈细胞核移植实验与皮肤颜色的关系
证据2：蝾螈受精卵横缢实验与细胞分裂和分化的关系
证据3：变形虫去核实验及核移植实验与细胞代谢、分裂以及生长的关系
证据4：伞藻嫁接实验和核移植实验与伞帽形状的关系
证据5：新陈代谢是生物体内全部有序化学变化的总称，是生物所有生命活动的基础
证据6：遗传指亲代表达相应性状的基因通过无性繁殖或有性繁殖传递给后代，从而使后代获得其父母遗传信息的现象
证据7：控制中心作为控制环境中所有设施的统称，是某个运行系统的核心部分

主张：细胞核是细胞代谢和遗传的控制中心

图2　细胞核的功能论证过程

二、科学论证教学策略培养模型与建模能力

模型是为了实现某种特定的目的对原型加以简单描述，用简化的要素对原型进行模拟的形式，它不再具有原型的全部特征，但可以描述原型的本质。模型是一种认识手段和思维方式，建立模型的过程是一个思维与行为统一的过程。SNP模式（Science Negotiation Pedagogy，SNP）是一种整合建模和论证过程的渗透式教学模式，其流程如图3所示。它基于学科核心概念提出问题，采用口头、写作与反思等多种论证方式，围绕模型建构，逐步深入地展开学习过程，将建模和论证有机结合，在深化学科概念理解的同时促进学生模型和建模能力的提升。

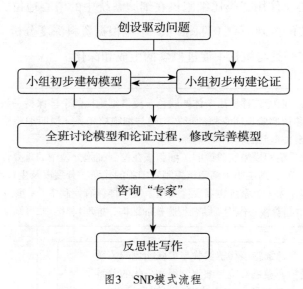

图3　SNP模式流程

以体液免疫调节为例，课前以小组为单位自主预习，收集资料并用合适的材料和形式建构"体液免疫过程"的概念模型，简单归纳建构模型的依据。课中小组成员演示并口头阐述体液免疫的过程，组内其他成员相互补充、阐明模型建构的依据，并回答其他小组的质疑。教师引导学生仔细观察比对教材中关于体液免疫的图示和理论表述，聚焦思考核心问题：抗原如何被特异性免疫系统识别从而激发体液免疫过程？抗体如何产生，又如何起作用？组织学生讨论，审视模型建构中存在的问题，包括模型本身以及模型的建构依据中反映的

问题。最后师生结合教材和动画演示共同订正或完善模型从而达成共识，并尝试对体液免疫过程进行分阶段描述，以解说词、小论文等形式进行总结和升华。在SNP教学模式下，学生通过建模活动进行口头论证和反思性写作论证，不仅能够深入理解核心概念的本质，还能很好地培养他们的模型与建模能力，这种模式不仅适用于概念模型教学，物理模型和数学模型的教学同样适用。

三、科学论证教学策略培养演绎与推理能力

演绎与推理是迁移已有的知识和经验，对新情境中是否具备同种特定的属性作出判断，并预计最终结果的思维方式。即结合原理和规律，用生物学术语描述新情境的概念、分析实验结果、解释或预测生命现象。图尔敏论证模式（见图4）包含主张、资料、依据、支持、限定条件和反驳等要素，其中依据衔接资料和主张之间的逻辑关系，是必不可少的组成部分。学生面对未知的问题，基于证据和科学推理提出自己的观点后，在已有的知识储备基础上，基于证据进行科学的、实质性的推理，是解决问题的必备素养，是培养演绎与推理等科学思维能力的主要途径。

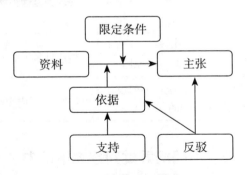

图4 图尔敏论证模式

以孟德尔豌豆杂交实验为例考查学生演绎与推理环节时错误率总是很高，主要原因是传统课堂倾向于以教材内容告知学生假说内容，学生未能真实体验遗传因子分离这一概念的生成过程，因此也就很难对其进行应用。实施如表1的学习过程，让学生通过论证理解孟德尔假说内容的核心是控制性状的成对遗传因子在产生配子的过程中发生分离。学生将自交过程获取的主张应用到测交过程，进行演绎与推理并预测结果，然后通过实验结果与预期的一致性来反证假

说的正确性。经过以上操作，学生更真实地理解了演绎的过程，同时理解了自交和测交在本质上的共性，能够将一般规律应用到具体实践中，从而领会分离定律的验证方法包含自交、测交、花粉鉴定和单倍体育种等。

表1 一对相对性状杂交实验自交过程论证教学流程

教学流程	要素分析
教师展示"一对相对性状杂交实验结果"并设问：F_1全是高茎是因为控制性状的遗传因子彼此融合不再分离吗？	资料：一对相对性状的杂交实验中F_1全是高茎的现象
学生思考后回答不是	反驳：F_1全是高茎不是控制性状的遗传因子彼此融合的结果
教师追问反驳的理由是什么？学生推理：性状是由遗传因子控制的，假设遗传因子彼此融合，则F_2不会出现性状分离，最有可能是由于F_1中遗传因子分离引起的	依据：F_2出现性状分离可以推测F_1中必然存在控制两种性状的遗传因子并且控制不同性状的遗传因子在产生配子时彼此发生分离
教师结合"豌豆在自然界中一般都是纯种"以及亲本杂交得到F_1的过程，引导学生建构纯合子、杂合子、显性遗传因子、隐性遗传因子等概念并厘清彼此之间的关系	主张：控制性状的遗传因子分离，杂合子表现为显性性状
基于上述主张完成从F_1到F_2的遗传图解，预测实验结果，解释F_2出现性状分离比为3：1的原因	主张在自交中的应用
如果要验证以上的假说是否正确，应该如何设计实验？用遗传图解预期结果是怎样的？	主张在测交中的应用

四、科学论证教学策略培养批判性思维能力

从整个生物学的发展史来看，科学是在不断地质疑和反驳中曲折前进的，许多重要的科学发现都是基于证据不断修正和完善的。批判性思维突出的特点有凭证据讲话、合乎逻辑地论证观点、善于提出问题、不懈质疑、对自身的反省和对异议的包容，刚好与图尔敏论证模式（见图4）利用反驳、论证等方式向他人证明自己观点的合理性和科学性不谋而合。因此在科学论证的过程中，学生提出了自己的困惑和理由，也经历了他人对自己观点的反驳，基于证据的批判性的对话和辩驳，培养了学生的批判性思维能力。但是能够在课堂上懂得

质疑和反驳的学生还是占少数，大部分的学生比较倾向于习惯性接受知识，缺乏思考和深度学习，这样会逐渐养成思维上的惰性。所以教师应该有目的地设计适用于科学论证的内容，鼓励学生之间的质疑与反驳。特别是有关科学、技术和社会的议题非常容易令学生陷入一种两难的境地，例如人工合成生命的探索、克隆技术、骨髓移植、转基因食品的安全性、基因组编辑、基因检测、抗生素的使用、植物生长调节剂的使用、人类基因的优劣、骡等种间杂种存在的思考等。当学生面对需要选择的情境时，不论是选择正方立场还是反方立场，都会积极反思、寻求证据、佐证观点，这样可以帮助学生养成科学的思维方式，提高学生在学习和生活中面对问题时做出决策的能力。

从认知层次和思维含量看，生物学解释应该有以下三重境界：一重境界是以事实判断为主的还原性解释，解释"是什么"的问题；二重境界是以成因判断为主的因果性解释，解释"为什么"的问题；三重境界是以是非判断为主的价值性解释，解释"怎么办"的问题。生物学解释的三重境界反映了学生在解决开放性问题时所体现的从基础思维到高阶思维水平的思维结构层次。但无论处于哪个水平层次，都离不开科学论证中的资料、依据和主张等要素，因此科学论证教学策略有利于学生完善和拓展知识体系，有利于培养学生的科学思维能力，有利于发展学生的生物学学科核心素养。

参考文献

[1] 中华人民共和国教育部.普通高中生物学课程标准（2017年版2020年修订）[M].北京：人民教育出版社，2020.

[2] 弭乐，郭玉英.科学建模与科学论证整合的教学模式述评[J].物理教师，2018，39（2）：7.

[3] 王栩，朱晓燕.运用SNP模式进行"体液免疫"一节论证式建模教学尝试[J].生物学通报，2020，55（12）：41-43.

[4] 韩艳良.基于科学论证发展框架的教学设计——以"孟德尔的豌豆杂交实验（二）"教学为例[J].生物学通报，2020，55（12）：32-34.

基于学习进阶的概念建模教学实践

——以"免疫调节"为例

四川省成都市中和中学　李元凤

　　建模是在分析与综合的基础上建构变量与变量之间的关系模型，能够促使学生的认知从感知向思维转化。学习进阶是学生通过大量的概念学习而实现的对一系列学习事件的系统规划。免疫调节中涉及很多抽象和复杂的概念，实践证明，建构概念模型是本节课的有效学习方法，基于学习进阶的理论，指导学生在模型的建构、修正、完善、评价和应用等一系列进阶学习的过程中不断体验，有利于促进学生进行概念进阶学习，有利于发展学生的科学思维。本节教学实践将尝试创建"基础建模—提升建模—模型应用—创新实践"的基于学习进阶的概念建模教学流程。（见图1）

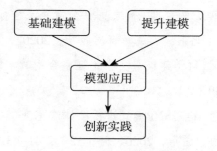

图1　基于学习进阶的概念建模教学流程

一、引入概念，基础建模

　　基础建模即教师根据学情，引导学生应用比较与分类、合作与探究、类比与推理等方法引入概念，建构概念之间的关系。如教师出示免疫系统的概念模型，学生填写完善概念模型；教师示范和引导建构体液免疫概念模型，学生类比推理出细胞免疫概念模型。

学习任务1：学生填写完善免疫系统组成的概念模型（见图2），突破本节重点内容即免疫细胞名称及功能的比较。初步引导学生通过建模的方法提高学习效率，培养归纳的好习惯。

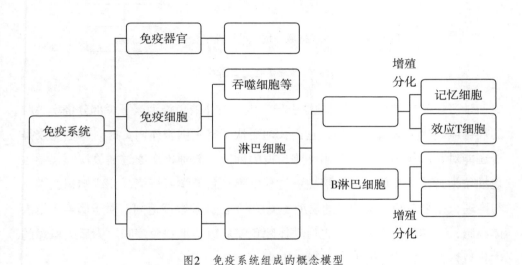

图2　免疫系统组成的概念模型

学习任务2：在学生已掌握必备知识的基础上，通过视频给学生创造视觉冲击，促使学生进一步熟悉体液免疫过程。接下来，组织学生开展7+1的分组合作学习，进行HIV侵袭及人体反击的角色扮演，保留角色出现的先后顺序，引导学生用箭头将角色与角色连接起来，形成文字和图形示意相结合的体液免疫部分概念模型，再通过讨论不断完善概念模型。

在讨论过程中发现，部分小组错误地将记忆细胞与抗体连接在了一起，陈述为记忆细胞可以产生抗体，同时忽视了抗原可以直接刺激B细胞的这一免疫路径及二次免疫的过程中少了记忆细胞的自我更新，最后经过合作式学习修正完善，呈现了完整的体液免疫概念模型（见图3）。引导式建模教学对学生起到了示范性作用，为后续提升建模奠定了基础。

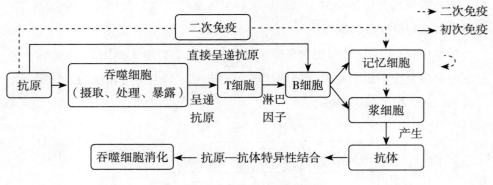

图3 体液免疫的概念模型

学习任务3：教师通过问题链引导学生分析体液免疫消灭了少部分侥幸逃脱的病毒或寄生菌等寄生生物，它们长期潜伏于寄主细胞体内，此时体液免疫是否还能对其起作用，从而引出细胞免疫的调节。教师再次通过播放视频让学生化抽象为具体，在已有的体液免疫过程中建立新的学习情境，完成知识的类比与推理，完善细胞免疫的概念模型（见图4）。教师继续追问：对于病毒攻击人体细胞，人体的反击一定是先启动体液免疫后启动细胞免疫吗？为后续概念的内化与整合即提升建模再一次奠定基础。

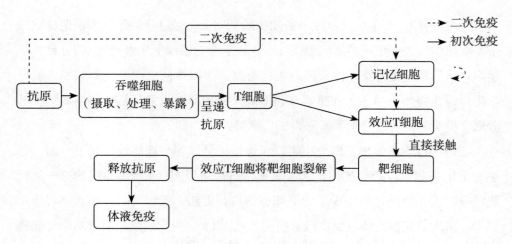

图4 细胞免疫的概念模型

学生以模型的建构为主线，主要进行三个概念模型的建构活动，即填充免疫系统组成的概念模型、部分建构体液免疫的概念模型、完全建构细胞免疫的概念模型。学生通过进行难度逐级增加的模型建构活动，并对模型进行修改和完善，初步建构了免疫系统的组成、细胞免疫、体液免疫等概念，同时实现了模型与建模、批判性思维等科学思维的进阶。

二、内化整合，提升建模

提升建模即在初步建构模型的基础上，使学生深度剖析概念之间的区别与联系，内化与整合出更全面的概念体系。

学习任务4：经过两个模型的建构及问题链的追问展开，引导学生完成体液免疫和细胞免疫的区别与联系的表格（见表1），深度思考体液免疫与细胞免疫的必然联系，解决知识零散化的问题，对基础建模的模型进行分析与整合，建构"特异性免疫的概念模型"（见图5），实现进阶化的整体教学。

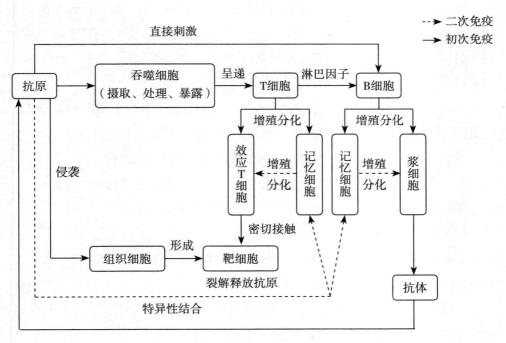

图5　特异性免疫的概念模型

表1 体液免疫和细胞免疫的区别与联系

	体液免疫	细胞免疫
起主要作用的细胞		
作用的对象		
作用的方式		
联系		

学生通过回顾和比较已建构的体液免疫的概念模型及细胞免疫的概念模型探寻两种特异性免疫过程的区别和联系，进一步将两个次位概念进行整合，建构成知识体系更为完备、模型更为复杂的特异性免疫的概念模型，避免知识碎片化与割裂化，实现概念学习进阶，促进学生形成结构与功能相适应的生命观念。

三、演绎与推理，模型应用

模型应用建立在一定知识储备的基础上，将所学的知识应用于新情境，使学生实现较高水平学习成果的输出。演绎与推理正是进行模型应用解决生物学问题的高阶思维，学生联系旧知，寻找新情境中的关键信息，运用一般性的原理或规律分析和解决问题。

学习任务5：教师可以追随科学家的脚步以问题链引导学生利用所学知识进行演绎与推理，解决现实生活问题，实现知识迁移应用。问题设计如下：

新型冠状病毒作为一种新的毒株，如何确定其遗传物质是什么？

新型冠状病毒在免疫调节中扮演什么角色？它能引起怎样的免疫反应？

感染新型冠状病毒的危害是什么？如何预防新型冠状病毒？

注射禽流感疫苗是否可以预防新冠肺炎？为什么？

引导学生通过对新型冠状病毒为抗原的新情境进行分析，以简单到复杂的问题链为引导逐步进行思考，进一步巩固"抗原""特异性免疫"等重要概念，应用概念解决科学问题，促使概念的生成与应用相得益彰，使学生从感知阶段升华至模型应用阶段，促进学生学习进阶。

四、科学探究，创新实践

科学探究是培养科学思维的重要环节，引导学生进行创新实践，使学生认同知识来源于生活并服务于生活，提升学生的社会责任感，培养学生的生物学学科核心素养。

学习任务6：教师通过设计疫苗研制、抗体免疫治疗等问题情境启迪学生进行科学探究，实现创新实践探究。问题情境如下：

（1）假如你是一名科学家，你研制出了一种针对病原体新型冠状病毒的疫苗Z，请用下列给出的实验材料，设计实验检测该疫苗是否有效，简要写出设计思路（新型冠状病毒会引起猕猴发病，发病症状具有可观察性，具体时间不作要求）。

材料：生理状况相同的灵长类动物（如猕猴）若干，疫苗Z，新型冠状病毒，生理盐水，注射器若干等。

（2）科学研究发现新冠肺炎治愈病人体内的血清抗体具有治疗作用。现有一定量的血清抗体，请以健康猕猴为实验材料，简要设计实验证明治愈病人体内的血清抗体具有治疗新冠肺炎的作用。

教师引导学生通过对新冠肺炎的预防与治疗两个实际问题进行科学探究，在问题逐步分析与解决中巩固特异性免疫的相关概念，应用概念模型解决实际问题，实现了首尾呼应。

综上所述，基于学习进阶的概念建模的教学实施中要注意以情境创设为载体，引导学生通过建模进行概念的学习与应用，通过对次位概念的分析与整合建构重要概念进而建构大概念，并以情境变式来促进学生对概念进行演绎与推理，以真实的科研情境落实对概念的科学实践应用，最终在概念的学习和应用中实现学习的进阶。

参考文献

［1］危宝华.基于学习进阶的高中生物概念建模教学策略［J］.新课程评论，2021（1）：102-108.

［2］张兴宇.基于核心素养的概念教学在复习课中的实践探讨——以"免疫调节"复习为例［J］.生物学教学，2019（9）：3.

核心概念生成路径的系统分析对概念学习进阶的启发

——以"核酸是遗传信息的携带者"为例

四川省成都市中和中学　尚　敏

一、将一般系统论与核心概念的生成路径相结合的原因

一般系统论的方法关键在于把所要研究的系统看成一个整体，研究系统内部各要素之间的联系，探寻系统的本质结构与动态。核心概念，顾名思义就是处于中心的概念，它包括该学科的重要概念、原理、理论等。以生物学教材的某节内容为单位时，核心概念指的是处于本节中心的概念性知识，它作为知识的主干可以将本节的知识联系起来，最终使学生通过本节内容的学习掌握相关概念。

学习进阶是围绕核心概念而组织的。通过学习不仅需要获得一些零散的事实性知识、原理等，还需要以核心概念为单位组织知识框架，并进行应用。概念学习进阶需遵循学生获得核心概念的路径。基于系统论方法，将生物学教材中的某节内容细化到每一环节，依据一般系统论的整体性、关联性、层次性、开放性、中心化的基本原则剖析教材结构，形成核心概念的生成路径并进行分析，这有助于在实际的教学工作中将零散的科学事实性知识组织起来，使得教学任务始终朝着核心概念的形成方向前进。

二、核心概念生成路径的系统分析——以"核酸是遗传信息的携带者为例"

以"核酸是遗传信息的携带者"为例，核心概念生成路径系统分析的主要步骤如下：

（一）确定核心概念——中心化

生物学教材围绕一定的概念结构组织而成，若概念在某节内容中处于中心地位，即为核心概念。课标根据生物学概念概括程度和重要程度的不同，将基本的生物学概念分为大概念、重要概念和次位概念，核心概念对应课标中的次位概念，本节内容核心概念的定位过程如图1所示：

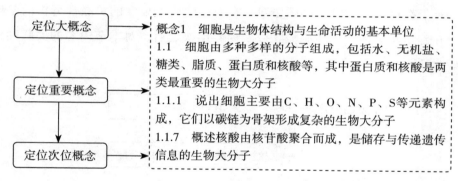

图1 核心概念定位——以"核酸是遗传信息的携带者"为例

（二）分析教材结构层次——层次性

在确定本节的核心概念后，对教材进行深入分析，明晰各个孤立的科学知识是如何层层递进、最终达成核心概念的建构，进而提取出知识组织的层次，如图2所示。

据分析，本节教材的层次分为两个部分——教材主线层次和内容层次。主线层次指从整体上分析，内容的组织遵循一定的先后顺序；内容层次需要对教材进行深入挖掘并归纳，在本节指的是核酸结构层次。

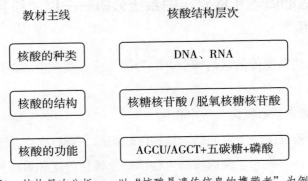

图2　结构层次分析——以"核酸是遗传信息的携带者"为例

（三）组织具体内容——关联性

对于教材系统的分析必须要建立在对系统中各要素的关联性分析的基础上，在确定本节内容的核心概念以及内容层次之后，对本节内容的关联性分析如图3所示：

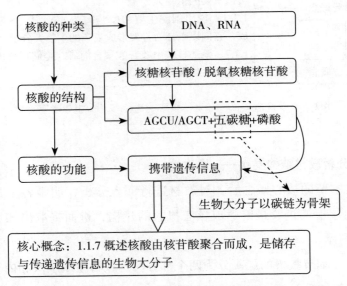

图3　关联性分析——以"核酸是遗传信息的携带者"为例

此外，本节内容的末尾对生物大分子的化学骨架进行了总结：生物大分子以碳链为骨架，贴合重要概念1.1.7，并且与本节内容中五碳糖的结构相联系。

因此本节内容之间的关联性特点表现在知识的层次性突出、组织严密、层层递进，最终生成相应的核心概念。

（四）补充开放性模块——开放性

教材系统是教学系统中具有开放性的子系统，教材系统的开放性在于教材内容并非简单地平铺直叙本学科的已有知识，而是在组织知识时充分考虑到知识与学生的交互作用、本学科知识的发展历史与现状、与外界社会环境的沟通以及跨学科内容（见表1）。根据知识性质的不同，每一节所选取呈现的开放性模块的数量、类型都有所不同。

表1　第二章第五节内容开放性指向

开放性指向	具体模块
学生互动	问题探讨、思考·讨论、思维训练、探究·实践
科学发展	生物科学史、生物科技进展
社会沟通	生物学相关职业、与社会的联系、STS
跨学科	学科交叉

本节内容从"问题·探讨"和"学科交叉"两部分体现了系统的开放性特征，本节开篇的"问题·探讨"部分提出了DNA指纹技术，最后在讲解细胞中的生物大分子都是以碳链为基本骨架时，将"学科交叉"设置在旁栏部分，对正文内容进行补充说明，实现了生物与化学的学科沟通。

在教材分析过程中，由于不同的开放性内容在核心概念的建构中能起到关键性或辅助理解的作用，因此有必要在最后的知识整合环节，分析这些板块与主干知识的关联性，并且将其纳入内容框架中。

（五）整合思维路径——整体性

系统具有整体性特征，系统内的各要素通过一定的联系整合成一个完整的系统，教材中的"本节聚焦"模块也呼应了系统的整体性特点。"本节聚焦"这一部分以提问的形式，对一节内容的重点知识进行了梳理，通过对这些问题的回答就能将相应的内容整合成一个整体。

基于上述分析结果和系统的整体性特征，最终可以得出本节内容系统的结构框架如图4。

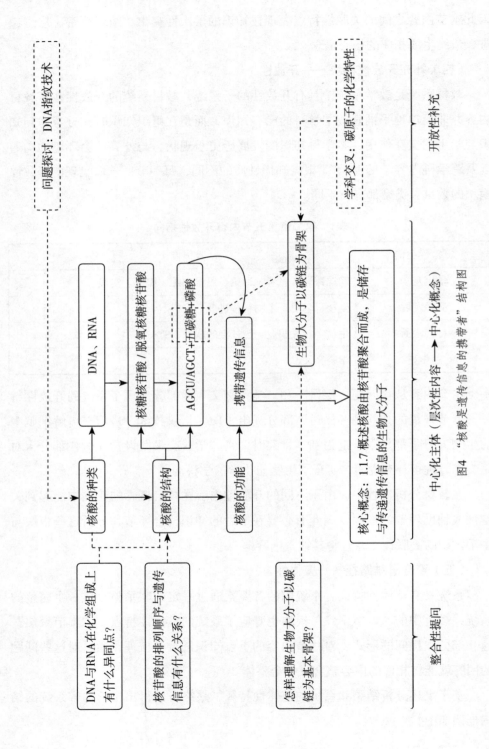

图4 "核酸是遗传信息的携带者"结构图

如图4所示，核心概念生成路径的系统分析框架由整合性提问、中心化主体和开放性补充三部分组成，整合性提问符合系统的整体性特征，通过一系列提问将知识串联成一个整体；中心化主体指的是通过对知识的层次性分析可以使本节的知识最终指向核心概念；开放性补充可以使学生更好地理解系统的主干知识或对正文内容进行有效的补充说明。

三、核心概念生成路径系统分析对概念学习进阶的启发

学习进阶是对学生在各学段学习同一主题概念时所遵循的连贯的、典型的学习路径的描述，一般呈现为围绕核心概念展开的一系列由简单到复杂、相互关联的概念序列。依据对核心概念生成路径的分析，不难找出本节内容具有如图5所示的进阶关系。

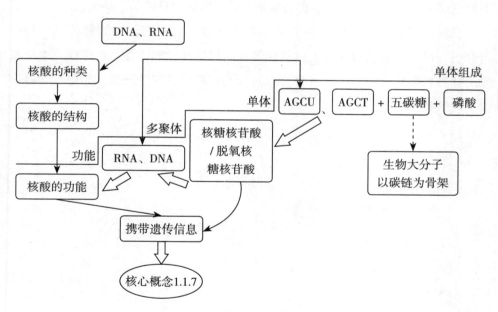

图5 "核酸是遗传信息的携带者"教材内容进阶分析

通过对核心概念生成路径的分析可知，核心概念学习进阶的教学需要遵循以下原则：

（一）以最近发展区为导向

学习进阶的目的就是使学生的认知发展从已有的水平向在他人帮助下能达

到的水平发展，因此教学要以最近发展区为导向，以促进学生的认知发展为基本任务，帮助学生自主建构对概念的更高层次的学习。

（二）小步子原则

在教学设计中，帮助学生形成核心概念，需要遵循小步子原则，在确定学生的"最近发展区"之后，应当将教学目标拆分成多个相互联系的小目标，并且在目标之间组织教学活动，旨在搭建目标与目标之间的"桥梁"，为学生提供支持，使学生依靠自己的能力完成原本所不能完成的学习任务。

（三）结构性原则

结构主义教学理论中的观点认为，教学过程就是学习该学科的基本结构的过程。教学内容的构建实际上正是围绕着学科的基本结构而展开的，因此要想学习进阶高效开展，首先要明晰学科的基本结构，以此为主干，帮助学生在学习概括层次更低的诸多科学事实的基础上最终掌握学科的基本结构。

系统论是教材内容组织的关键性理论基础，以系统论方法对教材内容进行分析，可以启发教育研究人员关注知识的层次性、相关性、逻辑性等本质联系。让教育研究回归到教材本身，丰富和完善教材的理论研究，为概念学习进阶的教学打牢基础。

科学论证力与概念学习进阶整合的教学实践研究

——以"光合作用的原理"为例

四川省双流棠湖中学　张海利

学生基于认知逻辑，由前概念直线式或者螺旋式上升到科学概念的水平上时，需要具备综合科学思维、科学探究等生物学学科核心素养，方能到达科学概念的学习进阶终点，而科学论证力基于证据的复杂程度和逻辑水平的高低，与概念建构过程中的科学思维水平具有高度的一致性，因此在教学活动中，教师应有目的地将二者进行整合，这样能够促进学生对科学概念的理解和论证能力的发展。

一、科学论证力发展进阶

科学论证力是指学生参与课堂学习时主动提出问题、找出证据、推理论证并能反驳质疑的科学思维进阶能力。一般而言，学生具备初级论证力，即学生能够基于证据选择适当的观点或能够依据观点匹配适当的证据，再参照我国学者构建的"三层级七水平"科学论证能力发展进阶表现框架，根据学生能否基于推理论证的观点提出质疑并加以反驳，又可以将科学论证力分为中、高两级，因此科学论证力分为初级、中级、高级三层级，其中中级论证需经过科学问题、提出观点、理论证据和推理论证等过程，高级论证过程还应该有观点反驳的过程，根据核心概念提示和观点、证据、理论依据、推理的提示以及脚手架（"论证导学表""提问表""主张表"等形式）的有无，中、高层级又分别分为三个不同的水平（见图1）。

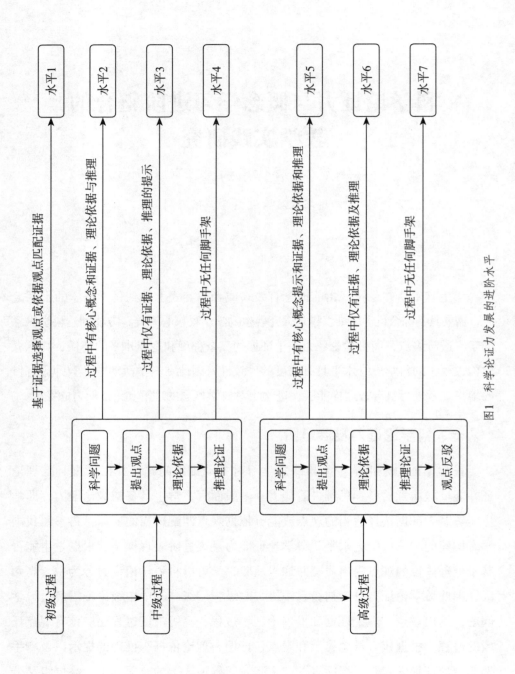

图1　科学论证力发展的进阶水平

二、概念学习进阶

《普通高中生物学课程标准（2017年版2020年修订）》十分注重概念学习，其将概念按从大到小的层级关系归纳为大概念、重要概念、次位概念。概念学习就是学生将共同事物的本质属性归纳在一起以形成一个有机整体，同时排除非本质属性的过程，学生需清楚不同概念的外延与内涵，方能找准概念的本质属性，并加以"归类"和"排异"，而区别概念的外延与内涵的关键是厘清概念的层级关系，实现概念学习进阶。概念学习进阶是指对学生学习某一科学概念时所遵循的连续的、典型的学习路径的描述，一般呈现为围绕大概念展开的一系列由简单到复杂、相互关联的概念序列。概念学习进阶一般包括经验、映射、关联、系统、整合五个层级，"光合作用的原理"一节的概念学习进阶过程见表1：

表1 "光合作用的原理"概念学习进阶过程

层级描述	光合作用的原理概念表现
经验	学生在初中阶段已知的前学科概念：光合作用的总反应物和总生成物
映射	将生成物、反应物以及叶绿体结构相联系，理解： ①在类囊体薄膜上，叶绿体中光合色素吸收来的光能将水分解成氧 ②在叶绿体基质中，叶绿体吸收的二氧化碳经过反应生产了糖类
关联	按照化学反应式，反应物中元素的去路、反应的条件阐述： ①在类囊体薄膜上，叶绿体中光合色素吸收来的光能将水分解成氧和H^+，同时在有关酶的催化下，给ADP和Pi提供能量，合成ATP，并给$NADP^+$和H^+提供能量生成NADPH ②在叶绿体基质中，叶绿体吸收的二氧化碳在NADPH和ATP以及有关酶的作用下经过碳循环生产糖类
系统	理解光合作用是一个统一整体： ①物质变化：光反应为暗反应提供ATP和NADPH，暗反应为光反应提供ADP、Pi、$NADP^+$ ②能量变化：在光反应阶段，光能被叶绿体内类囊体膜上的色素捕获后，将水分解为O_2和H^+等，形成ATP和NADPH，于是光能转化成ATP和NADPH中的化学能；ATP和NADPH驱动在叶绿体基质中进行的暗反应，将CO_2转化为储存化学能的糖类 ③二者任何一个因素改变，都可能使光合强度发生变化
整合	建构生命观念： ①物质与能量观：ATP和NADPH与糖类的变化伴随着能量的转换 ②结构与功能观：叶绿体的结构与光合作用相适应

三、构建整合学习进阶教学活动

　　将"三层级七水平"科学论证力与概念学习进阶相融合，通过呈现关键要素、构建关联的方法，参考我国学者及其团队建构的概念学习进阶与科学论证整合的教学理论框架，以"整合发展"理念为指引，以概念学习进阶发展为主线，在不同概念水平的关键点上融合不同水平的论证活动，同时注重教学策略（如科学史证、核心概念提示等）的运用，笔者选取了"光合作用的原理"中的两个概念"光合作用释放的O_2，全部来自原料中的H_2O""CO_2的C先转化为C_3，在ATP和NADPH的作用下，再转化为糖类"，分别设计了整合学习进阶的教学活动（见表2、表3），以同步促进学生概念进阶和论证能力的发展。

表2　整合学习进阶教学活动（部分1）

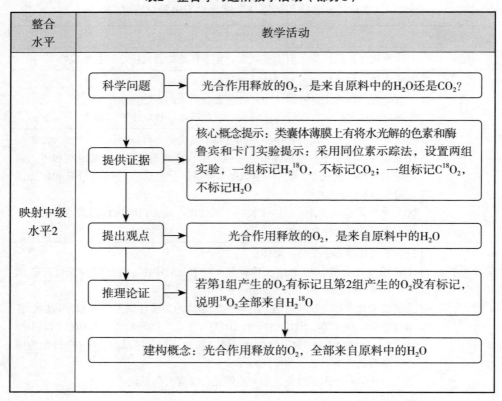

整合水平	教学活动
映射中级水平2	科学问题 → 光合作用释放的O_2，是来自原料中的H_2O还是CO_2？ 提供证据 → 核心概念提示：类囊体薄膜上有将水光解的色素和酶　鲁宾和卡门实验提示：采用同位素示踪法，设置两组实验，一组标记$H_2^{18}O$，不标记CO_2；一组标记$C^{18}O_2$，不标记H_2O 提出观点 → 光合作用释放的O_2，是来自原料中的H_2O 推理论证 → 若第1组产生的O_2有标记且第2组产生的O_2没有标记，说明$^{18}O_2$全部来自$H_2^{18}O$ 建构概念：光合作用释放的O_2，全部来自原料中的H_2O

表3 整合学习进阶教学活动（部分2）

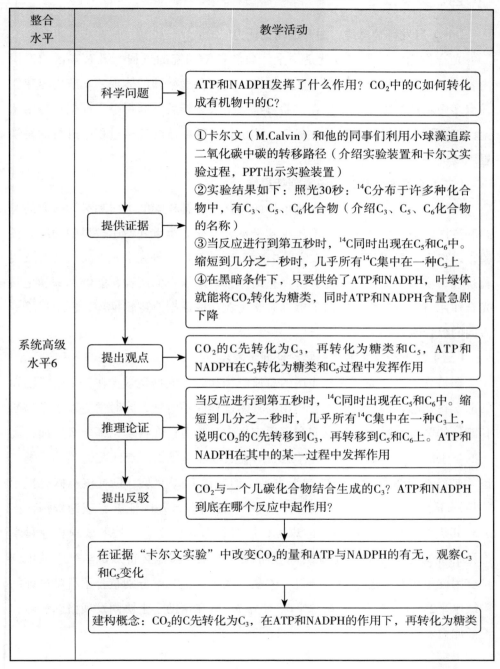

整合水平	教学活动
系统高级水平6	**科学问题** → ATP和NADPH发挥了什么作用？CO_2中的C如何转化成有机物中的C？
	提供证据 → ①卡尔文（M.Calvin）和他的同事们利用小球藻追踪二氧化碳中碳的转移路径（介绍实验装置和卡尔文实验过程，PPT出示实验装置） ②实验结果如下：照光30秒：^{14}C分布于许多种化合物中，有C_3、C_5、C_6化合物（介绍C_3、C_5、C_6化合物的名称） ③当反应进行到第五秒时，^{14}C同时出现在C_5和C_6中。缩短到几分之一秒时，几乎所有^{14}C集中在一种C_3上 ④在黑暗条件下，只要供给了ATP和NADPH，叶绿体就能将CO_2转化为糖类，同时ATP和NADPH含量急剧下降
	提出观点 → CO_2的C先转化为C_3，再转化为糖类和C_5，ATP和NADPH在C_3转化为糖类和C_5过程中发挥作用
	推理论证 → 当反应进行到第五秒时，^{14}C同时出现在C_5和C_6中。缩短到几分之一秒时，几乎所有^{14}C集中在一种C_3上，说明CO_2的C先转移到C_3，再转移到C_5和C_6上。ATP和NADPH在其中的某一过程中发挥作用
	提出反驳 → CO_2与一个几碳化合物结合生成的C_3？ATP和NADPH到底在哪个反应中起作用？
	在证据"卡尔文实验"中改变CO_2的量和ATP与NADPH的有无，观察C_3和C_5变化
	建构概念：CO_2的C先转化为C_3，在ATP和NADPH的作用下，再转化为糖类

四、教学反思

（一）启发科学思维，提升逻辑论证力

光合作用的过程本身就是一个经典的科学探究的过程，既有丰富的知识内容，又有科学思维、科学方法的渗透，还有科学精神的体现。本节内容建立在众多史料的基础上，学生在实验过程及结果分析后，获得事实证据，得出结论，以证据和逻辑为基础建立概念，这也是一种在概念建构过程中进行的科学思维的训练。

（二）启发探索精神，激发创新思维

让学生沿着科学家探索生物世界的道路，理解科学的本质和科学研究的思路和方法，对发展学生的创新思维意义重大。充分尊重并使用教材中的经典实验，以科学史事实补充阿尔农实验中NADPH的合成，补充卡尔文实验装置及实验过程、实验结果。学生能真实完整地体会科学探究的历程，能够加深学生对光合作用过程的理解，同时能够提升学生在获取证据、逻辑推理、创新思维等方面的综合能力。

（三）促进概念学习与科学论证同步发展

在概念层级方面，光合作用的总反应物和总生成物是学生在初中阶段已知的前学科概念，但学生对光合作用的具体过程尚不清楚，同时学生对于在物质和能量的微观水平理解光反应和暗反应也十分吃力；在科学论证层级方面，高一的学生已经能够基于证据选择适当的观点或能够依据观点匹配适当的证据，也就是已经具备科学论证的初级水平，但在没有脚手架，只有核心概念提示的情况下，针对一个科学问题，按照要求提出观点并用证据、理论依据、推理对其提供支持还存在一定的难度，同时针对几个观点，按照要求构建科学论证的能力也就是科学论证的高级阶段，很难在其他必备知识学习中锻炼到位。因此笔者在概念层级的映射、关联、系统、整合中分别整合了科学论证的中级水平2、水平3以及高级水平6、水平7，旨在帮助学生协同发展概念学习和论证能力。

参考文献

［1］弭乐，郭玉英.基于整合的进阶式教学设计研究——以概念进阶与论证
　　进阶为例［J］.物理教师，2021（1）：2.

［2］丁兆春.普通高中生物学课程标准（2017年版2020年修订）新变化及教
　　学启示［J］.中学生物教学，2020（16）：4.

［3］周苏平.校本课程学习进阶的优化路径——以"校园植物笔记"为例
　　［J］.科教导刊，2021（24）：5.

［4］郭玉英，姚建欣.基于核心素养学习进阶的科学教学设计［J］.课
　　程·教材·教法，2016（11）：7.

初高中"光合作用"概念学习进阶的思考与实践

成都市石室天府中学　蔡同华

　　中学生物学教学主要是围绕重要概念展开的，生物学课程内容的基本组成之一即为生物学概念。《义务教育生物学课程标准（2022年版）》提出了课程设计重衔接的课程基本理念，即初中学段的生物学学习与小学和高中学段的学习要能够有效衔接、循序渐进、连贯一致。学习主题中的内容要求部分建议以大概念、重要概念和次位概念的形式呈现相应的概念体系，有利于教师的教和学生的学。《普通高中生物学课程标准（2017年版2020年修订）》也倡导"内容聚焦大概念"，通过引导学生深刻理解和应用重要的生物学概念来发展学生的生物学学科核心素养。初中生和高中生在知识水平和思维水平上处在不同的发展阶段，在相同概念的学习认知中从课标要求到课本内容呈现形势都体现出明显的进阶性，这就要求教师在概念教学的过程中探索体现概念学习进阶的教学策略。

一、关于"概念学习进阶"的理解

　　"概念学习进阶"实际上是对"应该为学生设定怎样的学习路径"这一问题的探索，它可以直观呈现各概念之间的发展路径及联系，显示概念学习的来龙去脉，为教师的教和学生的学提供可参考的目标，为最终理解核心概念提供"路线图"。在不同学习阶段，学生的前概念、知识储备、思维水平不同，对概念的理解程度也存在差异。因此，要在准确掌握学情的基础上，为学生设置环环相扣的概念阶梯，通过层层递进的方式帮助学生深度理解概念的内涵，建构概念体系，从而实现概念学习进阶。

二、初、高中生物学中"光合作用"概念进阶情况分析

（一）课标分析

在初、高中生物学学习中，有很多同一主题下的重要概念，"光合作用"就是其中之一，其概念学习进阶的描述主要体现在初中学段侧重物质和能量的变化结果，高中学段则以相应变化的具体过程为概念核心。（见表1）

表1 初、高中学段"光合作用"概念的表述比较

《义务教育生物学课程标准（2022年版）》	绿色植物能利用太阳能（光能）把二氧化碳和水合成储存了能量的有机物，同时释放氧气
《普通高中生物学课程标准（2017年版2020年修订）》	说明植物细胞的叶绿体从太阳光中捕获能量，这些能量在二氧化碳和水转化为糖与氧气的过程中，转换并储存为糖分子中的化学能

结合课标的学习进阶要求，分析初、高中"光合作用"概念及其下位概念之间的逻辑关系，形成两个学段中聚焦"光合作用"概念学习进阶的概念体系（见图1、图2）。

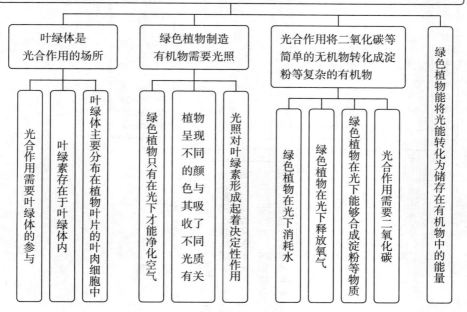

图1 初中学段"光合作用"概念体系

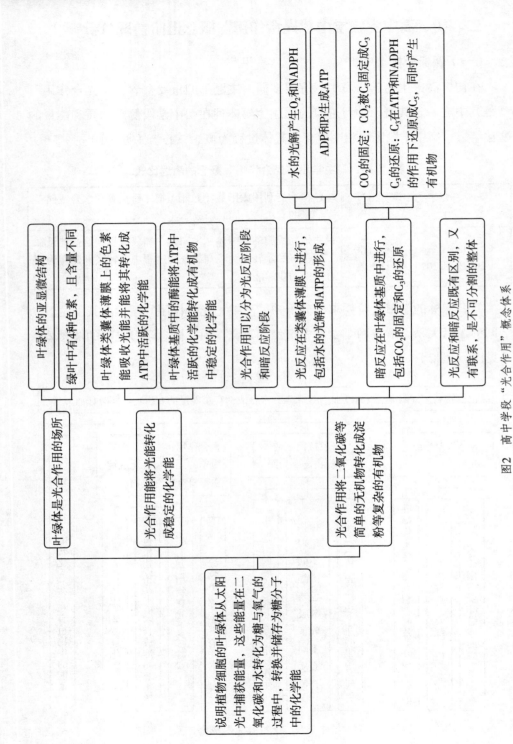

图2 高中学段"光合作用"概念体系

（二）教材学习进阶分析

1. 关于"光合作用场所"概念的学习进阶

初、高中生物教材中"光合作用场所"的内容呈现出从显微结构水平到亚显微结构水平的认知变化特点。

初中生物通过"观察叶片的结构"的活动帮助学生认识叶绿体的显微结构及分布；高中生物通过设置"绿叶中色素的提取和分离"的实验、观察电子显微镜下的叶绿体结构图片等活动帮助学生认识叶绿体的亚显微结构。

2. 关于光合作用探索历程科学史的学习进阶

科学史是学生理解概念的内涵、建构概念体系的重要事实基础。初中生物通过海尔蒙特、普利斯特利、英格豪斯、萨克斯等的实验，帮助学生形成一般概念：光合作用的原料包括二氧化碳和水；光合作用的产物包括水和淀粉等有机物；光合作用需要在光照条件下进行。

高中生物教材则增加了恩格尔曼、鲁宾和卡门、卡尔文等的重要实验，全面呈现了光合作用的探索历程，完善了光合作用过程中物质变化和能量转换的具体路径。例如，植物通过光合作用将光能转化成有机物中稳定的化学能、光合作用的场所是叶绿体、光合作用释放的氧气来自水以及卡尔文循环等科学事实。

3. 关于光合作用影响因素的学习进阶

教材对光合作用影响因素的阐述体现出从初中学段的感性、定性探究到高中生物的理性、定量探究的进阶特点。

初中生物通过"验证绿叶在光下合成淀粉""检验光合作用释放氧气""检验光合作用需要二氧化碳"等一系列实验使学生获得了大量直观的感性认识，为学生进一步建构核心概念奠定了基础。

高中生物通过"绿叶中色素的提取和分离""探究环境因素对光合作用强度的影响"等一系列实验帮助学生建构核心概念体系。高中学段实验较初中明显减少，更多的是在感性认识的基础上强调理性思维，强调根据现象分析原因及建构数学模型，对学生的逻辑思维能力要求更高。

三、初、高中"光合作用"重要概念学习进阶的教学策略分析

（一）优化观察方式，促进结构认识

在建构概念"叶绿体是光合作用的场所"的过程中，初中教师需要提供广泛的事实性支撑材料。例如，引导学生利用光学显微镜观察各种植物叶片材料，通过材料的多样性观察让学生认识到叶绿体的结构并不都是一样的。在发展学生"结构和功能观"的同时培养学生比较与分类等科学思维能力。高中学段，可以让学生观察电子显微镜下的叶绿体或者叶绿体的亚显微结构图片，帮助学生建构概念体系，同时培养学生的结构与功能观。

（二）丰富探究历史，完善过程理解

需要充分利用科学史帮助学生了解光合作用的发现过程。教师要充分引导学生站在科学家的思维角度，再现科学家的探究过程和思维历程，分析实验、得出结论。高中生物的科学史增加了以同位素标记法为手段的科学家实验，其建立在学生物理、化学知识达到一定水平的基础上，充分体现了学科融合。要想帮助学生更为全面地认识光合作用的发现过程，建立更为完善的认知结构，高中教师可以补充光合作用发现史实验，如希尔用离体的叶绿体在具有 $NADP^+$ 的水溶液且无 CO_2 的条件下给予光照，发现有 O_2 放出；阿尔农向反应体系中供给ADP、Pi和 $NADP^+$，同时给离体的叶绿体照光，体系中就会有ATP和NADPH产生。

（三）分析实验原理，提升探究精度

实现概念的进阶离不开科学探究实验，通过探究实验能培养学生的科学思维，提高学生的学科素养，帮助学生建构概念。教师要充分利用身边的资源帮助学生开展探究活动，初中学段需要学生能通过实验的设计与实施了解、熟悉科学探究的基本步骤；高中学段开展探究活动时要侧重引导学生理性分析实验过程中出现的现象及出现该现象的根本原因，以及影响实验结果的因素等等更深层次的问题。进一步结合光合作用的原理，通过模型建构的方法分析生产实践中的具体问题，并提出相应的解决措施，提升学生应用知识进行实践从而解决实际问题的能力。

概念学习进阶可以是某一个一般概念在生成过程中的进阶，也可以是围绕核心概念的学习进阶；可以是初中或高中教学过程中针对学生在该学段对某一概念学习过程中的进阶，也可以是初、高中学生在已有概念的基础上进行深度学习进而对概念的深度理解的进阶。在初、高中学段的概念进阶学习过程中，教师一定要注意根据学生智力水平、前概念掌握情况、需要达到的进阶水平等进行综合考虑，选择有效的策略，这样才能达到概念进阶水平要求。本研究是对学习进阶行动研究的一次尝试，在今后的教学研究中会特别对概念生成的阶段性目标作出进一步完善。

参考文献

[1] 徐畅. 中学化学与进阶学习中"氧化还原反应"核心概念的研究 [D]. 武汉：华中师范大学，2018.

[2] 中华人民共和国教育部. 义务教育生物学课程标准（2022年版）[M]. 北京：北京师范大学出版社，2022

[3] 中华人民共和国教育部. 普通高中生物学课程标准（2017年版2020年修订）[M]. 北京：人民教育出版社，2020.

创设问题情境提升生物学科核心素养的二轮复习策略

——以"如何提高作物产量"为例

成都外国语学校高新校区　陈　兰

生物学是一门典型的自然科学课程，在教学中教师应聚焦学科核心素养，彰显学科育人价值。生物学学科核心素养包含生命观念、科学思维、科学探究、社会责任四个方面。其中，科学思维和科学探究素养关注学生发现生物学问题、运用科学的思维方法设计探究方案，认识事物、解决实际问题的能力。社会责任则要求学生能够基于对生物学的认识，参与个人与社会事务的讨论，作出理性解释和判断，具备解决生产生活问题的担当和能力。生物学科能力要求学生在学习生物学课程的过程中能形成稳定的心理特征，主要包括科学思维方式和解决生物学问题的基本能力。因此，真实情境下的问题解决是高考和课程改革的大势所趋，也是提升学生学科核心素养和学科能力的重要途径。

二轮复习是在一轮复习的基础上，学生已对基础必备知识有了较为扎实的掌握之后进行的一次系统复习。针对学生知识掌握虽较扎实，但非常不系统的现状，二轮复习的目的就是帮助学生将细碎零散的生物学知识梳理成有逻辑关系的知识框架，加深学生对知识的理解，让学生能运用所学生物学知识解释生命现象和解决生物学相关问题。虽然二轮复习借助概念图梳理知识间的联系，可以帮助学生建构知识框架，但是会导致学生对知识的掌握停留在概念性知识层面，学生难以应用所学的生物学理论知识去解决实际生产生活情境中的问题，也就难以适应高考对实验与探究能力、获取信息能力和综合运用能力的要求。基于以上考虑，本文以"细胞代谢"专题的二轮复习为例，将不同章节的知识整合到相应问题情境中，让学生在情境中构建以如何提高作物产量为核心概念的知识体系，并运用构建的知识体系去解决实际问题。

一、创设情境，设疑引思、引入课题

结合袁隆平先生的一则采访视频，让学生共情他毕生的心愿就是实现禾下乘凉的美梦，然后让学生思考：基于中学生物学理论如何提高农作物的产量？具体有哪些方法？这些方法的原理是什么？以此设置问题链，引出"如何提高作物产量"的二轮专题复习。

二、巧设问题，串联知识、渗透素养

（一）"如何提高作物产量"的问题链设置

在学案中以问题链的形式引导学生梳理相关知识内容，构建本专题知识框架：

问题①将一株质量为20 g的黄瓜幼苗栽种在光照等适宜的环境中，一段时间后植株达到40 g，其增加的质量来自哪些物质？

问题②在黄瓜生长发育的环境条件中，如何控制环境条件使植株能够充分获取物质和能量来源并积累有机物？

问题③针对光照、CO_2浓度、温度这三个主要因素，在黄瓜的大棚种植过程中可以分别采取哪些措施来提高黄瓜的光合作用强度，从而提高产量？

问题④除了外界环境因素，作物自身的哪些条件会影响到作物的产量呢？

问题⑤农业生产上为充分利用土壤资源和光照，常常采用两种植物间作套种的方式（同一生长期内，在同一块农田上间隔种植两种作物）；轮作是农业生产中经常用到的方法，农民在同一块田里种植的作物种类会因年份有所不同，也就是有计划地更换作物种类。据此分析提高农作物产量的原理以及此种植方式相比普通种植方式的优点。

问题⑥如果能够通过改良品种实现作物的增产，你能想到哪些改良方法？

通过以上问题引导学生回忆并串联本专题相关的知识，如光合作用、细胞呼吸、无机盐的功能、酶的化学本质和作用特点、自由水与结合水的功能、植物激素的作用、群落体系中的种间关系、研究能量流动的意义等相关零碎的知识，这部分知识体系庞大，在高考中占比稳定，但细碎的知识在学生头脑中始终是形散而神也散的，通过这样的问题链，在实际的生产情境中，引领学生一步一步地进行总结和梳理，建立相对完善的概念体系，以实现二轮复习化零为整的目的，从而达到知识在学生头脑中的形散而神不散。

（二）"如何提高作物产量"的问题链分析

问题①来自2019年全国Ⅰ卷选择题第3题，引导学生思考植物增重的物质来源，培养学生联系生活实际的意识，使学生形成生命观念的物质观。空气如何能增加作物的产量？联系光合作用的反应式，可以从反应式中总结影响光合作用的因素，进而落脚到增产的需求，引出问题②，分析影响有机物积累的因素，并指导学生建构概念体系，培养学生分析问题、形成知识链的思维和能力，完善知识体系。在此问题下，学生很容易联系到的内容是必修1的光合作用与呼吸作用，要增加有机物的积累，即增加作物的净光合速率，在合理范围内，实现增加光合作用速率、减缓呼吸作用速率便成了首要的手段，进而引出问题③，可以借助相应的例题，从曲线图进行分析，培养学生的理性思维，渗透生命观念的物质与能量观、结构与功能观，以及增强学生应用生物学知识解决生产实际问题的社会责任感，训练学生语言表达的能力。问题④旨在让学生在关注外界影响因素的同时，不要忽略内部因素。在解题的时候，学生往往本能地忽略掉诸如"从影响光合作用的内部因素分析"中的"内部因素"几个字，而忽略的背后大多是因为不熟悉、不常用，所以在此让学生梳理出影响光合作用的内部因素（酶、色素）以及作物自身的激素对于产量的影响，以实现必修3植物激素板块的复习整合。问题⑤来自2020年新课标Ⅰ卷第30题，选择此题作为问题是因为此题的情境较为复杂，涉及种间关系、物质运输、影响光合作用的因素，通过综合的知识应用去设计相应的方案以解决实际问题，能够强化学生的理性思维和批判性思维，提升学生综合性运用知识的能力，同时训练其语言表述能力，很好地实现了化散为整的目的。问题⑥则是跨度到遗传专题的变异与育种，实现学生对于改良作物性状的方法与提高产量的整合，也借社会热点渗透学生的社会责任意识。

三、建构模型，凝练概念、形成素养

在问题链的引导下，学生将提升作物产量的相关知识整合到一起，建构概念模型，形成概念体系，如图1所示：

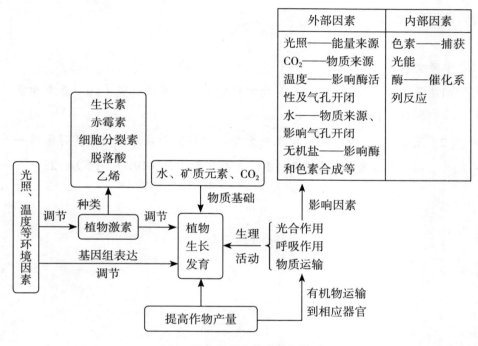

图1　提高作物产量的概念模型

四、反思教学，总结提高、迁移应用

本节内容分为两个课时：第一课时主要用相关问题情境形成问题链，引导学生建构出如何提高作物产量的初步概念图，训练了归纳与概括的科学思维，也提升了模型与建模的能力；第二课时补充完善概念图，学生能在已有基础上发散延伸，构建出完善的知识体系，也能将概念模型应用于部分高考题，提升了知识迁移和规范语言表述的能力，对农业生产的社会责任也有所提升。只是本专题内容牵涉面广，很难在两节课的时间里做到面面俱到，弱化的部分会在后续教学中继续以问题情境的形式不断强化。除此之外，将类似问题情境的创设用于二轮复习，还可以选取一些社会热点问题，比如新冠病毒，可以以病毒为大情境，整合如核酸的结构和组成、基因的表达、中心法则、体液免疫和细胞免疫过程、免疫系统的功能、抗原抗体杂交、基因检测等零散知识。此类创设具体社会热点情境的二轮复习课程的设计既能提高学生的学习兴趣，又能在问题解决过程中培养和提升学生的科学思维、科学探究等生物学学科核心素养，值得多做尝试。

参考文献

［1］王健，王聪，刘志爽. 生物学科能力及其表现研究［J］. 教育学报，2016（4）：9.

［2］王雅婷. 创设问题情境提升生物学学科核心素养的二轮复习策略——以"艾滋病"专题为例［J］. 生物学教学，2019，44（5）：2.

论证式教学法建构生物学重要概念的学习进阶

——以"基因在染色体上"的教学为例

四川省成都西藏中学　乔 磊

《普通高中生物学课程标准（2017年版2020年修订）》提出了"内容聚焦大概念"的课程基本理念。概念的学习进阶是围绕"大概念"组织教学，将简单的、零散的概念进行整合，使学生的核心素养随着学习进阶而得到延伸和拓展，实现连贯一致的进阶发展历程。本文以"基因在染色体上"的论证式教学为例，建构概念学习进阶的路径，培养学生的核心素养。

一、论证式教学法的教学模型

论证式教学法是指学生对所学知识表述自己的看法，并用科学的方法来论证自己的想法或评价他人的看法，让学生在经历提出问题、论证问题和得出结论的过程中，通过"质疑"和"辩驳"，深化对重要概念的理解。在论证式教学中最具代表性的就是各种论证模型的发展，将科学论证引入课堂，使学生经历类似科学家的论证过程，能促进学生对概念的理解。

（一）图尔敏论证模型

图尔敏论证模型由英国哲学家斯蒂芬·图尔敏提出，是研究较为成熟且在科学教学过程中常用的论证模型，该模型由资料、主张、证据、支持、限定条件和反驳六个论证的基本要素构成。论证开始前，先搜集资料，从资料中寻找支持主张的事实性证据，在论证过程中，运用各种证据，并需要给予主张一定的限制条件，通过不断地反驳、质疑，列出主张不能成立的情况，从而使限定条件下的主张成立。

（二）论证探究式教学模型

论证探究式教学模型是将探究过程与论证过程整合在一起，并在其中融合研究报告、互评、反思修正等环节，促进学生参与调查设计和科学论证，提高学生的科学思维能力以及对概念的理解能力。该模式主要包括以下八个步骤：提出任务、收集数据和资料、构建论据、提出论证、形成研究报告、学生相互评论、改进、讨论反思。

（三）PCRR论证模型

PCRR论证模型是首尾相连、循环式的论证模型，适用于重要概念和大概念的教学过程，分为呈现、批判、反思、提炼四个阶段。在课堂教学过程中，学生提前搜集资料，以前概念为基础建构概念模型，创建论点和呈现论证。在论证过程中相互批判，对存在的问题进行修正，面对质疑，学生对论证过程进行重新分析，反思并解决存在的问题，最后提炼出精炼的概念模型，在不断地论证的循环过程中，实现对概念的深入理解。

二、建构概念的学习进阶

学习进阶实际上是研究学生思维的过程，其为学生设定学习路径，将知识进行分解、重构，从而建构相对完整的概念，形成学生的学习轨迹。在高中学段，要通过整合生物学学科的大概念，建构大概念、重要概念和次位概念三个层级之间的逻辑联系，扩展概念的深度，从而建构基于学生认知发展的学习进阶历程。

（一）锚定学习进阶的起点

学习进阶的起点是学生已有的前概念或简单的生活现象，通常表现为学生进入课堂学习前已经具备的知识和经验。学生在以前学习的基础上进一步发展和延伸，逐步由现象到本质、从简单到复杂，通过不断深入理解，建立前后知识的衔接，构建概念学习进阶的起点。

（二）锚定学习进阶的终点

学习进阶的终点是达到教学期望的水平、落实学生的生物学学科核心素养，也就是教学的长期目标。教学中，将知识、经验概念转变成科学概念，并要求学生能利用这些概念解决生产和生活中的实际问题，能积极运用生物学的知识和方法，解释真实情境中的生物学问题，辨别科学的真伪，培养学生具备支撑其终身发展的能力，形成正确的人生观和价值观。

（三）厘清学习进阶的多个中间水平

学习进阶理论认为，学习是一个逐渐累积、不断发展的过程，学生对大概念的理解，需要很多中间水平。这些中间水平能帮助学生搭建认知发展的台阶，有助于扫除知识构建上的盲点，使学生的思维能够螺旋式上升。正是一个个连续的"台阶"，让学生的认知发生了变化，将进阶的起点和终点连接起来，更有利于学生形成完整的、系统的概念体系。

三、基于科学论证法的概念学习进阶

（一）建构"基因在染色体上"的概念进阶

初中学段学习基因的概念，高中学段学习减数分裂中同源染色体的行为变化，这些是学生已有的前概念。为了理解"基因在染色体上"的概念，可以根据碎片化的经验，建构学习进阶路径（见表1），从而建构"概述性染色体上的基因传递和性别相关联"的次位概念，理解重要概念"有性生殖中基因的分离和重组导致双亲后代的基因组合有多种可能"。

表1 "基因在染色体上"的学习进阶路径

水平	进阶路径	学习表现
水平1	碎片化的经验	提出基因和染色体的平行关系
水平2	事实经验与概念相联系	通过摩尔根果蝇杂交实验，寻找基因在染色体上的实验证据
水平3	建立事实经验与概念之间准确的联系	证明控制果蝇眼色的基因在X染色体上
水平4	准确地描述概念	性染色体上的基因传递和性别有关，基因在染色体上呈线性排列
水平5	建立概念之间的联系	建立基因、染色体、减数分裂、受精作用的关系

（二）基于科学论证法的"基因在染色体上"的教学过程

1. 呈现

课堂教学中，首先呈现萨顿"基因和染色体的行为比较"，引导学生分析减数分裂过程中基因和染色体的关系，为出示"基因在染色体上"的实验证据做好铺垫。然后呈现摩尔根果蝇的杂交实验，利用孟德尔"一对相对性状的豌豆杂交实验"的相关知识，判断红眼和白眼的显、隐性关系，分析是否符合分离定律，提出问题"为什么白眼只出现在雄性后代中"，使学生达到学习进阶的水平1、水平2。

2. 批判

根据果蝇眼色的杂交实验结果，说明性状可能和性别有关。向学生呈现雌、雄果蝇的染色体组成，介绍X、Y染色体存在于同源区段及非同源区段，顺势提出控制颜色的基因应该位于什么位置，引导学生大胆假设可能的情况，提出可能的3种假设，即假说1该基因位于X染色体非同源区段，假说2X、Y染色体同源区段或假说3Y染色体非同源区段，推理实验的结果，对3个假说进行批判，筛选出假说1、假说2。再引导学生设计测交实验验证假说的正确性。测交实验1：F_1红眼雌蝇与白眼雄蝇杂交，预测假说1和假说2的正确性；测交实验2：F_1红眼雄蝇与白眼雌蝇杂交，也预测假说1和假说2的正确性。引导学生思考哪个测交实验更有说服力，只设计测交实验2可不可以。当然，要得到白眼雌蝇，还需要通过测交实验1获取实验材料。最后学生结合摩尔根测交实验的结果，验证假说1正确，控制果蝇眼睛颜色的基因位于X染色体上，使学生达到学习进阶的水平3。

3. 反思

教师呈现摩尔根和助手们的研究成果，发现一条染色体上有很多基因，基因在染色体上呈线性排列，并且绘出了果蝇基因在染色体上的具体位置。要让学生理解常染色体、性染色体上都有线性排列的基因，区别在于是否和性别相关联，引导学生归纳伴性遗传的概念，为学习下一节的知识做好铺垫，使学生达到学习进阶的水平4。

4. 提炼

通过学习基因、染色体、减数分裂、受精作用、分离定律和自由组合定律等，让学生小组讨论，在有性生殖过程中，如何导致后代基因型的多样性。厘清上述概念中的逻辑关系，建构概念体系，从次位概念"概述性染色体上的基因传递和性别相关联"上升为重要概念"有性生殖中基因的分离和重组导致双亲后代的基因组合有多种可能"，使学生达到学习进阶的水平5。

四、教学启示

科学论证是一种重要的科学思维方法，要将科学论证和概念学习进阶整合在一起，使科学论证成为概念学习进阶的手段。同时，学生科学论证能力的发展水平也是概念学习进阶达到某一阶段的标志，进而促进学生学科核心素养的全面发展。

学习进阶视域下聚焦概念关键词的
高三生物复习策略

——以"伴性遗传"为例

四川省成都市玉林中学　孙　萍

一、问题的提出

作为构建高中生物学知识体系的"细胞"，生物学概念既是培育和发展学生生物学学科核心素养的基石，也是近年来全国卷高考生物试题的重点考查内容。毋庸置疑，生物学概念复习的有效性已然成为决定高三生物复习教学质量的关键。然而，就笔者日常的教学实践和感受来看，高三的学生对于学过的概念通常缺乏"好奇心"和深入思考的问题意识，常常是"知其然而不知其所以然"。与此同时，高中生物学概念繁多，许多学生习惯于被动机械地记忆相关概念，因而难以搭建概念间的联系，更难以将生物学概念迁移运用于解决情境中的相关问题。而从教师的教学来看，仅凭教师在课堂上简单强调和提醒概念理解的相关要点，学生在实际应用和练习中还是较易出现各类问题。因此，如何采取有效的教学策略，引领学生主动内化与深度建构生物学概念，以利于体系化知识的构建和思维能力的提升，从而提高高三生物复习的有效性，是我们教师需要着重思考的问题。

二、学习进阶理论

美国国家研究理事会将学习进阶定义为对学生连贯且逐渐深入的思维方式的描述，概念进阶则是学生在学习某一模块知识的同时，通过各种核心概念的理解、认识、串联，使自己的知识、技能等方面随着时间的推移，一步步从低水平向高水平发展的过程。高三复习课的功能，正是唤醒学生在已有知识的基础上，将知识点串联成线、编织成面，进而构建形成网络体系，并提升个人将内化的知识迁移应用于分析解决情境中生物学问题的能力。可见，高三复习的过程本身就是引领学生实现知识和能力逐层进阶的过程，"学习进阶"思想与高三生物学复习的教学目标正好完美契合。

因此，基于上述分析和对相关理论的学习，笔者尝试在高三生物学概念复习教学过程中，以问题引领的方式，基于对概念关键词内涵的挖掘，引导学生逐层进阶，深化学生对生物学概念内涵的理解，进而提升学生综合应用概念解决问题的能力。下面以一轮复习中聚焦"伴性遗传"概念关键词的复习进阶为例加以说明。

三、聚焦"伴性遗传"概念关键词的复习进阶教学

（一）聚焦"伴性遗传"概念关键词的复习进阶路径构建

根据人教版高中生物学教材必修2中给出的定义，"伴性遗传"是指由性染色体上的基因所控制的性状，在遗传上总是和性别相关联。从内容上讲，学生对这一概念的理解既是对孟德尔遗传学定律、减数分裂、基因在染色体上等内容的整合迁移，也是学生理解强化人类遗传病、生物进化等后续内容的关键。课标中的相关要求为：概述性染色体上的基因传递和性别相关联，进而能综合建构"有性生殖中基因的分离和重组导致后代的基因组合有多种可能"的重要概念，最终形成"遗传信息控制生物性状，并代代相传"的大概念。为此，基于对"伴性遗传"概念的理解，结合上述对课标内容的分析，笔者将"性染色体上的基因""性状表现""总是""和性别相关联"这四个关键词作为复习进阶的切入点，并基于对其内涵的挖掘，确立了如下的聚焦"伴性遗传"概念关键词的复习进阶路径图。（见图1）

实现复习课教学的有效性尤其需要教师精准把握学生的学情，找准复习进阶的起点，明确高考及课程标准的素养要求，瞄准复习进阶的终点。由于经过新课阶段的学习，学生基本都能举例说出一些体现伴性遗传的事实性实例，并能建立起其与相关生物学术语之间的联系。但对伴性遗传规律的细胞学水平及

分子水平的解释，以及伴性遗传特点规律的归纳和应用能力还较为欠缺，而高考试题又常常落脚于这两个方面的考查。因此，笔者参照我国学者基于对物理教学的实证研究所建构的科学概念理解的发展层级模型（见表1），结合教学实际，依据学情和考情分析，确立了"伴性遗传"概念理解层级表现模型（见表2），将本节内容复习的重点确立为关注学生在"关联""系统"和"整合"这三个层级的知识和能力发展。

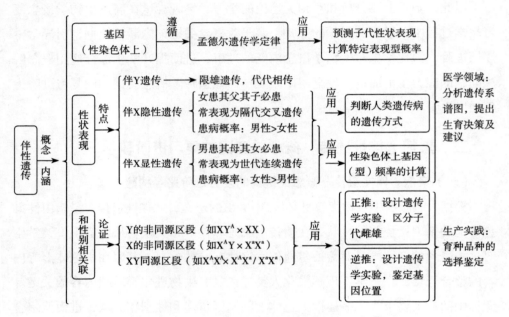

图1　聚焦"伴性遗传"概念关键词的复习进阶路径图

表1　科学概念理解发展的层级模型

发展层级	层级描述
经验	学生具有尚未相互联系的日常经验和零散事实
映射	学生能建构事物的具体特征与抽象术语之间的映射关系
关联	学生能建构抽象术语和事物数个可观测的具体特征之间的关系
系统	学生能从系统层面上协调多要素结构中各变量的自变与共变关系
整合	学生能由核心概念统整对某一科学观念的理解，并建构科学观念间和跨学科概念（例如系统、尺度等）之间的联系

表2 "伴性遗传"概念理解层级表现模型

发展层级	层级表现	能力要求
关联	能基于生物有性生殖的过程和遗传物质基础，说明伴性遗传概念的内涵	能结合减数分裂、孟德尔遗传学定律等相关知识，以遗传图解的形式通过演绎与推理说明伴性遗传的实质，并完成涉及伴性遗传和常染色体遗传的简单情境中的概率计算问题
系统	能自主归纳得出常见的三种伴性遗传方式的特点，并用科学的思维方法阐释、论证其遗传特点的表现原因	在涉及伴性遗传和常染色体遗传的特定问题情境中，能基于性染色体不同区段上基因的遗传特点，判断性状的遗传方式，并结合"生物进化"部分所学的性染色体上基因型频率的计算方法，以实际数据推导论证伴X遗传病患病率在男性和女性中的差异
整合	能基于对伴性遗传概念的理解和掌握，整合已学知识和能力，运用"遗传信息控制生物性状，并代代相传"的物质观和信息观，解决社会实际中的真实问题	在涉及伴性遗传和常染色体遗传同时存在的复杂生活情境中，能通过分析、预测，解释相关的生物学问题，并能自主设计实验方案探究解决真实情境中的社会问题

（二）聚焦"伴性遗传"概念关键词的复习进阶教学实施

基于上述分析与设计，笔者以问题情境为载体，设计了如下教学实施流程环节（见图2），旨在引导学生在解决问题的任务活动中，自主深化对概念的理解和认识，搭建起相关知识间的联系，并提升学生的归纳与概括、演绎与推理等科学思维能力。

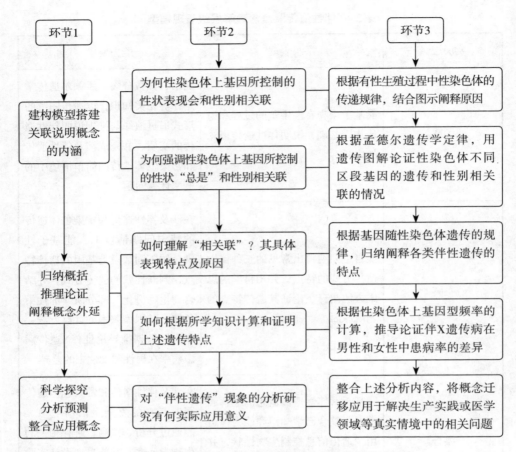

图2　聚焦"伴性遗传"概念关键词的复习进阶教学流程图

四、教学反思

　　总的来说，除本节内容外，笔者在对"酶""激素调节""生态系统的稳定性"等章节内容进行复习时，亦采取了以聚焦生物学概念关键词内涵理解为进阶主线的复习教学策略。实践表明，将学习进阶理论与高三生物学复习课教学相融合，不仅有利于教师厘清复习教学的路径和目的，及时检测学生的关键能力和核心素养在复习过程中的发展和变化，提高复习教学的效率，也有助于学生加深对概念的认识和理解，建构概念间的联系，提升生物学学科核心素养。

高中生物学核心概念学习进阶研究

——以"基因是有遗传效应的DNA片段"为例

四川省成都高新实验中学　朱昕睿

生物学概念是生物学的基础，《普通高中生物学课程标准（2017年版2020年修订）》中指出，在教学过程中要围绕核心概念，充分理解和运用所学的生物学概念，它包括一般概念以及一些事实性知识、原理、理论等，是一般概念的上位概念。所以，核心概念的学习是从事实性的零散知识建立起一般概念，再将一般概念整合，逐步建构核心概念。因此，在高中生物学教学中聚焦核心概念组织教学，有助于学生在掌握概念的同时理解更抽象的术语，形成学科概念。

学习进阶的一个重要特点是以核心概念为主线来构建学生的认知体系。教师通过对学习进阶的研究，确定核心概念的进阶水平以及维度，引导学生建立起各个知识点之间的联系，从而由浅入深地理解核心概念。同时，不同水平对应着不同的学习预期，为教师教学和学生学习提供了明确的目标。事实上，不同的进阶水平及进阶维度也为核心概念的构建提供了学习发展路径。因此，学习进阶的研究有助于深入理解核心概念，为教学研究提供了新的切入点，具有重要的研究意义和价值。

本文通过分析高中生物学教材及相关文献，从低层次到高层次、从具体到抽象，设计了高中生物学"基因是有遗传效应的DNA片段"这一节的核心概念学习进阶模型，确定了具体的进阶水平及进阶维度，以便于教师在课堂教学过程中帮助学生循序渐进地学习。

一、生物学核心概念的学习进阶水平划分

概念学习进阶的5个组成要素是进阶终点、进阶维度、成就水平、各水平的预期表现及评价（特定的评测工具）。在设计概念进阶方式时，有的学者在课程设计中提出了"螺旋式上升"的理念，他们认为掌握概念是一个由低级到高级的发展过程。而"最近发展区"理论中也包含了类似的循序渐进发展的思想。因此，为构建学生学习过程中的具体路径，在整合了前人的理论以及SOLO分类理论的基础上，本研究确定了不同阶段需达到的进阶水平（见表1），进而在教学过程中建立适当的概念学习进阶模型。

表1　进阶水平的划分及其对应的层级描述

	进阶水平	水平描述
低水平↓高水平	水平一	学生在此前的学习以及日常生活中具备的零散概念
	水平二	学生能领会的较为抽象的术语以及它们之间的关系
	水平三	学生能够明确抽象术语与零散事实之间的关系，并通过分析建立两者之间的联系
	水平四	学生能够分析总结相关规律，深入全面理解并且整合得出核心概念，形成学科观念

二、"基因是有遗传效应的DNA片段"学习进阶设计

（一）明确核心概念下的一般概念

教师在设计学习进阶时，应当先明确学习进阶的终点，分析出其所包含的一般概念和相关事实性知识（见表2），再通过梳理和分析确定概念进阶的维度。

表2　核心概念下的一般概念和事实性知识

核心概念	一般概念	事实性知识
基因是特定的具有遗传效应的DNA片段	基因是特定的DNA片段	染色体主要由DNA和蛋白质组成
		基因与染色体的关系：基因位于染色体上
		基因是DNA分子上的一个片段，一个DNA分子上包含许多个基因

续 表

核心概念	一般概念	事实性知识
基因是特定的具有遗传效应的DNA片段	基因具有遗传效应	生物所表现出来的性状与基因有关
		DNA分子的结构特点决定DNA分子可以储存遗传信息
		由于基因是特定的DNA片段，所以基因也蕴藏着遗传信息
	DNA分子的多样性和特异性	碱基排列顺序不同是DNA分子多样性的原因
		如果DNA有n对碱基，则碱基的排列顺序有4^n种
		对于每一个DNA分子来说，碱基排列顺序都是特定的

确定了核心概念和一般概念后，借助概念图（见图1），教师可以进一步分析概念，准确整理出教学内容之间的逻辑关系，梳理出对应的知识框架，进而确定学生的进阶维度。

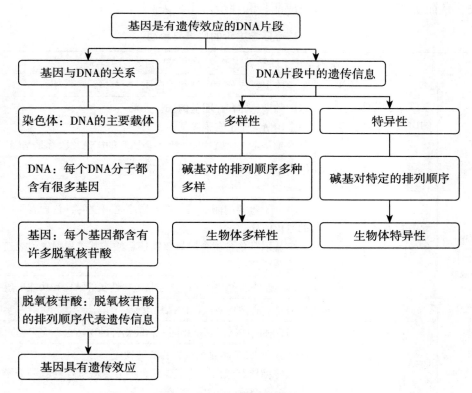

图1　"基因是有遗传效应的DNA片段"概念图

本节内容需要学生从两个方面理解核心概念：基因与DNA分子的关系。首先分析出基因是DNA分子的片段，其次脱氧核糖核酸中碱基对的排列顺序可以反映出不同的遗传信息；DNA分子片段中有遗传信息，结合不同DNA中碱基多种多样的排列顺序和某个特定DNA中碱基特定的排列顺序，分析出生物体中DNA分子特异性和多样性的原因。

（二）核心概念进阶水平和维度的确定

根据以上分析，核心概念进阶从低水平到高水平，分成四个阶梯式上升的成就水平。核心概念"基因是特定的具有遗传效应的DNA片段"的进阶维度确定为以下三个维度：基因是特定DNA片段、基因具有遗传效应以及DNA分子的多样性和特异性。利用"表格法"建构和呈现概念进阶，根据不同阶段对某一概念的预期掌握情况，从低水平到高水平，进行核心概念学习进阶模型的假设，从而实现学习进阶并且完成测量和评价。（见表3）

表3　核心概念进阶的假设与预期

基因是特定的具有遗传效应的DNA片段			
起点↓终点	基因是特定的DNA片段	水平一	染色体主要成分为DNA和蛋白质
		水平二	基因和染色体存在明显的平行关系 一个DNA分子上有很多基因 基因是特定的DNA片段，但不是所有的DNA片段都是基因
	基因具有遗传效应	水平一	基因与DNA有一定的关系 DNA分子具有大量的遗传信息
		水平二	DNA分子骨架内侧的碱基排列顺序是可变的，包含着不同的遗传信息 每个基因都包含多个脱氧核糖核苷酸，其排列顺序代表遗传信息
		水平三	基因与性状的关系：基因是控制生物性状的结构和功能单位
		水平四	基因是具有遗传效应的DNA片段
	DNA分子具有多样性、特异性	水平一	不同物种的DNA不完全相同，相同物种的DNA也不完全相同
		水平二	DNA分子由2条脱氧核糖核苷酸链构成 脱氧核糖核苷酸由一分子磷酸、一分子脱氧核糖和一分子含氮碱基组成 脱氧核糖核苷酸有4种不同的碱基：腺嘌呤（A）、鸟嘌呤（G）、胞嘧啶（C）、胸腺嘧啶（T）

续 表

基因是特定的具有遗传效应的DNA片段			
起点 ↓ 终点	DNA分子具有多样性、特异性	水平三	DNA分子中的脱氧核糖核苷酸与磷酸由3’，5’-磷酸二酯键连接，排列在外侧，构成基本骨架，碱基在内侧，根据碱基互补配对原则通过氢键连接 DNA分子中碱基排列顺序千变万化，构成了DNA分子的多样性 DNA分子中碱基特定的排列顺序，构成了DNA分子的特异性
		水平四	如果有n对碱基，那么其排列顺序有4^n种 生物多样性和特异性的物质基础：DNA分子的多样性和特异性

三、核心概念学习进阶的实践意义与反思

通过概念学习进阶的研究，将核心概念划分为不同水平和进阶维度，梳理出学生从各个维度和各个水平预期掌握的概念以及知识，构建的过程，不仅是从低水平到高水平的进阶，还是在不同学习进阶维度上的递进，最终整合得到核心概念。围绕“大单元”教学中不同的核心概念组织教学，能将不同板块不同知识点整合在一起，形成相应的知识体系。基于学习进阶的教学设计，对于学生来说，循序渐进地建构概念可以帮助其更好地理解较为抽象的概念；对于教师而言，在进行学习进阶设计过程中需要梳理出知识的内在逻辑，有助于提升教师的教学能力，促进教师对学科知识整合的整体把握，改进教师的教学评价方式。

在具体的概念学习进阶教学中，学生在建构概念时可以遵循“事实或证据—问题—建立概念”的顺序，将论证式教学作为概念学习中获得相应知识点的方式，通过具体数据或者资料，分析并提出自己的主张，这有利于培养学生归纳、概括、推理的能力。因此，在核心概念的教学过程中应用论证式教学策略，有助于让学生将零散的知识整合在一起，有利于加深学生对核心概念的理解。

参考文献

[1] 翟小铭, 郭玉英, 李敏. 构建学习进阶: 本质问题与教学实践策略 [J]. 教育科学, 2015, 31 (2): 47–51.

[2] 范陈蔓, 孟凡龙, 崔鸿. 基于SOLO分类理论的高中生物学概念进阶教学 [J]. 中学生物教学, 2021 (31): 40–43.

基于问题驱动的概念学习进阶实践研究

——以"细胞膜——系统的边界"为例

四川省成都市中和中学　石云

学习进阶是以大概念为主要内容，学生在学习中经历无数中间水平，最终掌握知识结构框架，实现自我认知发展的一个不断积累、不断演化的过程。《义务教育生物学课程标准（2022年版）》指出：教学活动不应仅仅停留在让学生记住生物学事实的层面，还要帮助学生建构概念，为能够在新的情境下解决问题奠定基础。高中与初中的要求保持一致，概念学习进阶的教学，要求教学策略和教学活动都是为了达成帮助学生深入理解概念的目标。"问题驱动"模式是概念教学的有效模式，教学设计的核心是设计问题和活动、解决问题、建构概念，实现概念学习进阶。

一、甄别概念

生物学概念较多，教师要对每个概念在不同教学范围中的位置有清晰的定位，甄别不同概念之间的地位和联系，使众多的概念在大概念的统领下成为一个整体。

（一）大概念

大概念是指在课程知识中起到统领、主导作用的概念。《普通高中生物学课程标准（2017年版2020年修订）》指出必修模块包括4个大概念，本课属于概念1的知识内容。

（二）重要概念与次位概念

重要概念是大概念的下位概念，是基于某一章节中重要知识提炼出来的。次位概念是重要概念的下位概念，是基于众多生物学事实经概括后形成的。本课的概念及其上、下位关系见表1：

表1 人教版高中生物学必修1《分子与细胞》的"细胞膜——系统的边界"概念分类

内容	细胞膜——系统的边界
大概念	细胞是生物体结构和生命活动的基本单位
重要概念	细胞各部分结构既分工又合作，共同执行细胞的各项生命活动
次位概念	1.细胞膜主要由脂质和蛋白质组成，还有少量的糖类 2.细胞膜是系统的边界，能将细胞与外界环境分开 3.细胞膜具有流动性和选择透过性 4.细胞膜表面的糖蛋白具有识别功能

二、设计指向概念的问题

（一）问题的产生和意义

建构概念的过程是前概念与新情境发生冲突后，产生问题进而解决问题的过程，这是经验性学习理论的精髓。问题首先是教师在新的情境中预设的，学生在解答问题的过程中体悟概念的内涵与外延。

（二）指向概念的问题设计

设计的问题一定是能够对学生认知构成挑战的，不是通过记忆提取的学习任务。想要让学生触及学科概念本质，教师需要对一些反映学科本质的问题留有空间，分清楚哪类问题由教师提出，哪类问题应引导学生主动提出。

三、设计活动，解决问题

在确定了本课的问题及其逻辑顺序后，教师需要思考设计什么活动、选择什么素材引导学生逐一解决这些问题，逐步建构概念。其中，开展活动是引导学生获得证据、解决问题的过程。活动可以是资料分析、提问引导、观察总结等不同方式。而素材可以为学生解决问题提供直接证据，可以是学生分析的情境或现象，需要配合活动以恰当的形式（图片、数据、动画等）呈现给学生，其科学性非常重要。本课的问题和活动设计如下：

（1）素材选择：不同形态的细胞图片（草履虫、神经细胞等）。

活动设计：学生观察图片思考——细胞与外界环境之间有边界吗？

设计意图：利用精美的图片吸引学生的眼球，让学生在直观地感受细胞多样性的同时能辩证地分析它们都有边界——细胞膜。

学生建构概念：细胞膜是细胞的边界，能将细胞与外界环境分隔开。

（2）素材选择：1895年欧文顿选用500多种物质对细胞膜的通透性进行了上万次实验，发现能溶于脂质的物质比不能溶于脂质的物质更容易通过细胞膜。

活动设计：学生观察实验模式图思考——细胞膜的组成成分是什么？

设计意图：从感知细胞膜到探索细胞膜，感受科学家严谨的思路和认真求实的科学精神。

学生建构概念：细胞膜由脂质组成。

（3）问题情境：怎样通过实验探究细胞膜的组成成分？

活动设计：学生说，细胞破碎，释放内容物，从而得到细胞膜。教师追问——最好选择什么细胞？怎么破碎？学生描述后，再提供方法——哺乳动物成熟的红细胞吸水涨破法：释放红细胞内液，利用离心技术分离得到纯净的细胞膜（见图1）。科学家分析鉴定的结果——细胞膜能被溶解脂质的溶剂溶解，能被蛋白酶水解。膜中含有大量的磷脂，还有少量糖类。

图1 制备细胞膜的过程流程图

学生建构概念：膜的主要成分是脂质和蛋白质，脂质中磷脂含量最多，还有少量糖类。

（4）问题情境：细胞膜中含有若干个磷脂分子，将它们置于空气—水界面，如何排列？将它们完全浸入水环境中，如何排列？将它们置于内外都是水环境的细胞边界处，如何排列？

素材选择：1925年戈特和格伦德尔用丙酮从人的红细胞中提取出了脂质，在空气—水界面上将其铺展成单分子层，测得其面积恰为红细胞表面积的2倍。

活动设计：学生分析资料后自主建模、展示交流，教师展示模式图（见图2）。

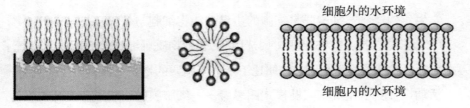

图2　不同界面中磷脂分子的排列模式图

设计意图：学生在不同情境通过建模强化磷脂分子的特点，从科学实验中获得证据，初步建构细胞膜的基本骨架。

学生建构概念：细胞膜中的磷脂分子排列为连续的两层——磷脂双分子层，头部在外侧，尾部在内侧。

（5）素材选择：1959年罗伯特森利用电镜观察到细胞膜的三层结构"暗—亮—暗"，即"蛋白质—脂质—蛋白质"。观察细胞膜经过冰冻蚀刻后的电镜照片，发现磷脂分子层表面有凹陷、凸起和缺口。

活动设计：学生分析资料后思考——细胞膜中的蛋白质怎样排布在磷脂双分子层中？

设计意图：学生从蛋白质的功能角度推测，再从不同科学实验中获得证据，构建细胞膜的蛋白质排布。

学生建构概念：膜上蛋白质有的平铺，有的嵌在磷脂双分子层中。然后学生建构细胞膜的结构模型、展示交流，教师展示模型图（见图3）。

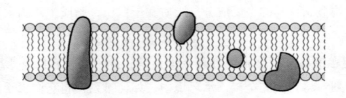

图3　细胞膜的结构模型图

（6）问题情境：细胞膜中的糖类分布在哪里？有什么作用？

活动设计：学生阅读课本，找寻答案。

设计意图：利用教材的资料，培养学生获取信息的能力，构建细胞膜的完整结构。

学生建构概念：糖类分布在细胞膜的外表，与蛋白质结合形成糖蛋白，具有保护、润滑和识别的作用。

（7）问题情境：细胞膜是静态还是动态的？能举例说明吗？

素材选择：红细胞吸水膨胀、失水皱缩，白细胞吞噬病菌和变形虫的变形运动等图片，展示1970年荧光标记蛋白质的人鼠细胞融合实验动画。

活动设计：让学生联系所学知识，思考细胞形态改变的原因。

设计意图：从现象和实验动画出发，让学生推理分析，构建细胞膜的结构特点。

学生建构概念：细胞膜是动态的，具有一定的流动性。

（8）素材选择：1972年桑格和尼克森提出的膜"流动镶嵌模型"为大多数人所接受。

活动设计：让学生修正建构的细胞膜结构模型，在此基础上建构细胞膜流动镶嵌模型的概念图（见图4）。

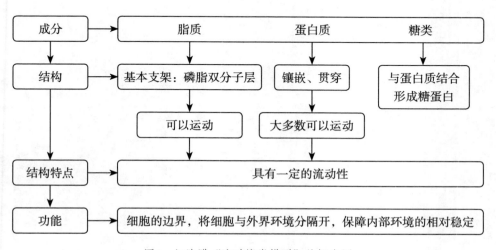

图4　细胞膜"流动镶嵌模型"的概念图

学生学习时不仅需要由问题驱动探究，也需要从知识本原角度把握知识发生、发展的过程。本课教师设计指向概念的问题，以问题驱动学生主动探究，逐步构建了细胞膜作为边界含有哪些成分、这些成分是如何建构细胞膜的问题，将学生的学习分层引向深入，使学生思考细胞膜的结构与功能的关系，从而形成重要概念——细胞各部分结构既分工又合作，共同执行细胞的各项生命活动，有利于学生形成结构与功能相统一的生命观念。当学生在教师的引导下逐一解决问题时，他们就逐步建构了概念，实现了概念学习由浅层到深层的学习进阶。

参考文献

[1] 中华人民共和国教育部，义务教育生物学课程标准（2022年版）[M].北京：北京师范大学出版社，2022.

[2] 杨文源，刘恩山.为了理解的教学设计：从指向核心概念的问题开始[J].生物学通报，2014，49（1）：28-33.

[3] I National Research Couneil. A Framework forK-12 Science Education：Practices. Crosscutting Concepts，and Core Ideas [D].Washington，D.C. The National Academies Press，2011.